外来文明的印记

中国·嘉定往事

徐杉  著

四川大学出版社
SICHUAN UNIVERSITY PRESS

图书在版编目（CIP）数据

外来文明的印记：中国·嘉定往事 / 徐杉著. — 2
版. — 成都：四川大学出版社，2024.1
（徐杉文集）
ISBN 978-7-5690-4140-8

Ⅰ. ①外… Ⅱ. ①徐… Ⅲ. ①乐山—地方史 Ⅳ.
① K297.13

中国版本图书馆 CIP 数据核字（2021）第 003819 号

书　　名：外来文明的印记：中国·嘉定往事
　　　　　Wailai Wenming de Yinji: Zhongguo·Jiading Wangshi
著　　者：徐 杉
丛 书 名：徐杉文集

丛书策划：张宏辉　欧风偃
选题策划：欧风偃
责任编辑：黄蕴婷
责任校对：周　颖
装帧设计：墨创文化
责任印制：王　炜

出版发行：四川大学出版社有限责任公司
　　　　　地址：成都市一环路南一段 24 号（610065）
　　　　　电话：（028）85408311（发行部）、85400276（总编室）
　　　　　电子邮箱：scupress@vip.163.com
　　　　　网址：https://press.scu.edu.cn
印前制作：四川胜翔数码印务设计有限公司
印刷装订：成都市新都华兴印务有限公司

成品尺寸：170 mm×240 mm
印　　张：23.5
插　　页：2
字　　数：296 千字

版　　次：2017 年 3 月 第 1 版
　　　　　2024 年 1 月 第 2 版
印　　次：2024 年 1 月 第 1 次印刷
定　　价：88.00 元

扫码获取数字资源

四川大学出版社
微信公众号

Dear readers,

Canada and China has a long-standing friendship, based on a rich web of historical ties and mutually-beneficial cooperation. Some of the earliest and strongest foundations of this friendship were established over 100 years ago, when a group of Canadians set sail for China. They built hospitals and schools in Sichuan, and thus established ties with the Sichuanese people that flourish to this day.

To commemorate these Canadians and their contributions, in 2014 the Leshan Research Institute of Culture and Arts launched a research project, *The Impact of Western Civilization on the Development of Leshan in the Early 1900s*. Today I'm delighted to see that as the result of this project, *Footprint of Western Civilization – Old Stories of Jiading*, authored by Ms. Xu Shan, will be published. I have personally met with Mrs. Xu in Leshan in the past and have witnessed the impressive fruits of her conservation and research efforts. I would encourage everyone to take the time to learn from her work, and I would also like to express my sincere thanks to Ms. Xu for her sustained devotion and efforts and offer my congratulations on the publishing of this new book.

Philippe Rheault
Consul General
Consulate General of Canada in Chongqing

Canada

亲爱的读者：

    加拿大和中国长期的友谊以两国深厚的历史渊源和互惠互利的合作为基础。加中友谊中一些最坚固的基石可以追溯到一百多年前，一批又一批加拿大人远渡重洋来到中国，在四川建医院、办学校、兴慈善等，与四川人民建立了深厚的感情，而这份感情时至今日仍然历久弥新。

    为了纪念这些加拿大人的贡献，2014 年乐山市文化艺术研究所专门成立了一项课题："清末民国时期西方文明对乐山社会发展的影响研究"。今天我欣喜地得知，此课题的成果，即由徐杉女士撰写的《外来文明的印记：中国·嘉定往事》一书将由四川大学出版社出版。我本人有幸与徐杉女士相识，并熟知她对还原这段历史所作出的不懈努力以及令人惊讶的成果。我希望每个人都能从此书中有所收获。衷心感谢徐杉女士的努力和奉献，并恭贺此书的顺利出版。

欧阳飞

加拿大驻重庆总领事

前　言

高鼻子、凹眼睛、白皮肤，讲英语，整个神情面貌都是地道的西方人。一群生活在大洋彼岸的西方人，却有一个个地道的中文名字。

最初当我面对云达乐、文忠志、梁玉、黄玛丽、苏乐文这些加拿大人时，内心惊讶不已！他们中不少人就出生在成都、乐山、峨眉山、仁寿等地。他们的祖辈、父辈，曾长期在四川工作。

从清朝末年到 1950 年前后的近百年间，有上千的来自加拿大、美国、英国、法国等国家的西方人士来到中国西南地区。他们中有科学家、教育家、社会学家等。虽然他们秉持的意识形态有差异，每人的初衷或许不同，但在传播现代科学知识和工农业技术，兴办文化教育、医疗卫生、慈善事业等方面，他们都做出了卓越贡献。对近代中国西南地区的现代化进程产生了积极而深远的影响。不仅深刻影响了乐山及周边地区的近代化运动，还对促进其社会新陈代谢起到了十分重要的作用。

多年前一个偶然的机会，我的视线被这段历史吸引。在好奇心的驱使下，我由小心翼翼地探寻，到兴趣盎然地求索，开始了这段隐藏在一个世纪的历史记忆中的研究。

在那些曾经在四川工作的西方人后裔们保留的文献资料与老照片中，我惊讶地看到乐山及中国西南地区一些被湮没的历史，也从中领略到东西方文化在该区域碰撞、排斥、吸纳和融合发展的艰辛与曲折。

后来，在乐山市委宣传部、加拿大驻华大使馆、加拿大驻重庆总领事馆、四川大学、乐山市文广新局等的鼎力支持下，我于2012年在乐山嘉定坊举办"另一种乡愁——乐山百年人文历史老照片展"，历时两年多。接着我又在《三江都市报》上连载《老照片背后的故事》，前后延续了七个多月。

这些照片和故事在乐山及周边地区引起的强烈反响出乎我的意料！我这才意识到，作为历史文化名城的乐山和成都对文化的热情和关注有如基因密码，深深根植于人们的血脉之中。

2014年，"清末民国时期外来文明对乐山文化的影响与作用研究"课题，被乐山市人民政府列入重大软科学研究项目，组建了由我担任项目主持人，谢晓明、吕伟强、郑岷波、吴秀文为成员的课题研究团队。与此同时，加拿大驻重庆总领事馆高度重视并支持该项目的研究工作。特别值得铭记的是，在历时三年的课题研究中，四川大学党委原副书记吕重九先生，四川大学宗教研究所博士生导师陈建明教授，长期从事来川加拿大传教士研究工作的张颖明先生，四川大学苏德华博士，以及乐山市委宣传部、乐山市科技局、乐山市文广新局、乐山天主教会和乐山基督教会等对该项目的有效实施不遗余力，做出了重要贡献！同时也感谢金杯集团为我在峨眉山七里坪创建工作室，这项研究才得以静心实施。

三年间，我在浩如烟海的史料中搜集整理，采集到丰富的原始资料，为论证提供了充分的论据。同时，通过大量的田野调查、实地采访，获得了宝贵的第一手文献资料，以及口述史料、人物传说。这，又为后续的文学创作，打下了坚实的基础。

由于当时到乐山的加拿大人士，或者以加拿大名义派往乐山的人最多，居留时间最长，影响最大，保留的资料也最丰富，因此，2015年10月我远赴加拿大，查阅、搜集、整理图书馆、档案馆文献资料，并采访当年在乐山等地工作的志愿者后裔。我还有幸参加了他们一年一度、延续70多年的CS（加拿大学校的缩写）聚会。

历经三年的艰辛和曲折，最后定名为"清末民国时期西方文明对乐山社会发展的影响研究"的软科学课题，终于在2016年结题。课题组齐心协力，圆满地完成了各项研究任务，并于2017年2月获乐山市人民政府科学技术一等奖。

至此，研究工作尘埃落定！然而，欣慰之心情尚未来得及体验，文学创作的灵感又迅速将我带入另一种痴迷状态中。

我不断地沉浸在那些跌宕起伏、惊心动魄、感人至深的历史往事中。那些人、那些事、那些令人惊叹的人生经历紧紧裹挟着我，让我久久不能自拔！

世纪往昔，注入心头！千头万绪、千言万语逐步汇聚在一起。渐渐地，那些滤漫不清的字迹、泛黄发白的照片，在脑海里串联起来，鲜活起来，最后被定格成影像，剪贴成画卷，幻化成文字……

于是，我写下这些隐藏在历史碎影中的故事：

《外来文明的印记：中国·嘉定往事》。

谨以此书，敬献给那些为推动人类文明进步、发展而做出不懈努力和卓著贡献的人们！

目录

赫斐秋从美国到加拿大安大略湖畔走亲戚，不期与美丽聪慧的加拿大女子艾德琳相遇，她刚巧也来此探望表兄妹。当几个朝气蓬勃的年轻人谈论理想与未来时，赫斐秋说期望去遥远神秘的中国服务，艾德琳立刻表示自己也愿意如此。不久赫斐秋与艾德琳结婚，随后一同前往中国。那一年赫斐秋25岁，艾德琳19岁。他们在海上航行了6个多月，于1866年5月抵达中国，至此，赫斐秋开始了在中国近40年的跌宕起伏的人生……

启尔德与妻子抱着刚出生不久的长子进入教堂，就有人造谣：洋人偷小孩了！那时一些人认为西药是用小孩的眼睛和肝脏制成的。所以一听说外国人偷小孩，正在玩打李子的人便将教堂紧紧围住，要洋人交出小孩。

启尔德与在教堂里的史蒂文森为了驱赶聚集的人群，便向天鸣枪，哪知更引起围观者的愤怒。人们开始打砸教堂，最后放火焚烧，甚至连同教堂旁边的医院、孤儿院、住所都没有放过。前来解围的华阳知县黄道荣，在半途就被人拉下官轿，他乘坐的官轿也被砸烂。接着事态不断扩大，成都周边 17 个县，连同嘉定、眉山等地，70 余处教堂被捣毁⋯⋯

文幼章偕妻子刚到重庆，几个男子就在码头挥舞棍棒高喊："打倒洋人！"文幼章并不慌张，扯起嗓子用地道的四川话说："发啥子疯哦，疯儿洞！"码头上的搬运工见一个外国人能讲方言，顿时乐了。文幼章又调侃道："养不教，父之过。"码头上的人都笑起来，敌意在笑声中消除。

1993 年，文幼章在加拿大去世。家人按照他的遗嘱，将他的部分骨灰带到他的出生地乐山，并撒入大渡河⋯⋯

一天，谢道坚看见一个衣衫破旧的男孩在教堂门口张望，便走过去与孩子攀谈。谢道坚觉得这孩子天资聪颖，与多数中国孩子羞怯内向闷声不响的性格截然不同，便萌发了帮助他读书的念头。最终，这个家境贫困的男孩在谢道坚，后来在唐茂森、林则的共同帮助下成长为我国第一位牙医学博士——黄天启。

而谢道坚与唐茂森也在帮助孩子的过程中交往越深，最后成为儿女亲家⋯⋯

1927 年，刘湘的川军与杨森滇系部队在嘉定交战，围城十天后川军传信：如不开城门投降，将用炮火将嘉定城夷为平地。守军与各界人士欲议和，可谁也不愿冒险出城。加拿大传教士孔镜明主动请缨。

于是，如下一幕出现了：嘉定北门城墙上，一只箩筐缒城而下，一位外国人坐在箩筐中，手举红十字旗去刘湘的川军大营议和。

古城嘉定免去了一场灭顶之灾。

孔镜明是清末民国时期在乐山生活时间最长的加拿大人。从 1908 年至 1942 年，他在乐山度过了 34 个春秋。然而，他非凡的经历却长久湮没在历史的烽烟中……

医院修建筑初期，雇佣来的当地工匠不知如何操作，苏继贤便手把手教。再不会，就嘱咐：慢慢来。因为他经常说"慢慢来"，便有人议论这个洋人做事"磨"，为洋人做工也可以"磨"。"磨洋工"一词就这样演化而来。

附近百姓见苏继贤心灵手巧，又不摆架子，喜欢与大家摆龙门阵，还不时请工人喝茶，便亲切地称他"苏木匠"，也将他视为外国的鲁班……

白塔街，嘉定城一条知名的老街。俯瞰大渡河，背靠玉凤山，一条蜿蜒上行的街道因玉凤山上宋代所建的白塔得名。白塔也曾是这座城市的标志之一。然而岁月沧桑，20世纪20年代破败的白塔被拆除，一座别致的西式医院取而代之。如今，白塔街早已旧迹难寻，大多数乐山人也不知白塔容貌，而远在大洋彼岸的谭国梁的后人，却世代悉心保存着白塔和白塔街的老照片。因为这座白塔、这条街见证了其祖辈在中国嘉定的一段奇特的经历⋯⋯

　　当嘉定接连出现几例类似患者后，梁正伦意识到这是一种尚未认识的新病种。病者往往是睡后醒来忽然浑身乏力，四肢麻痹，严重的不能说话，甚至死亡。最后通过与武汉大学，尤其是内迁到五通桥的黄海化学工业研究社合作，开展实验分析，发现患者所进食的食盐中化学元素钡的含量超标。钡中毒是诱发"趴病"的主要原因。有关乐山趴病的研究在国外医学刊物上发表，这个病种被定名为"嘉定痹病"⋯⋯

　　中国抗日战争的最后阶段，19岁的云达乐（Don Willmott）被招募到美国空军情报部门担任中文翻译。他回忆道："我的上司是个不修边幅的美国人，经常头发凌乱，胡子拉碴，还时不时会忘记扣上裤裆的扣子。可是我的中国同事的军容风纪非常好，即便在夏季，风纪扣也严丝合缝，逼得上司不得不检点自己，尽管他经常抱怨中国南方夏天太闷热……"

1885年，光绪皇帝提出要到峨眉山祭祀，四川道台黄绶芙受命后令谭钟岳前往峨眉山探路。经过半年劳碌，谭钟岳完成《峨山图说》一书。这是峨眉山历史上最全面、最详细、图文并茂的资料。

1935年，美国人费尔朴克服种种困难，将《峨山图说》翻译成英文。1949年此书与瑞典青年，后来蜚声世界的汉学家，诺贝尔文学奖评委马悦然相遇，漂洋过海到达瑞典。

20世纪70年代，一位香港老人意外与马悦然相聚，演绎了《峨山图说》的一段更传奇的故事……

姚守仁（Ralphe Outerbridge）在嘉定、峨眉山，以及仁寿和荣县等地以妙手回春的医术博得了中国人的信任，而他也从中国朋友荣县谢家的中式庭院的月亮门开始逐步了解中国文化。

1939年8月19日，日本飞机轰炸嘉定。姚守仁立刻与另外三人组成了紧急医疗救助队，连夜徒步十小时赶到嘉定。烧伤、断肢、骨折，一个接一个，源源不断的伤员被送来，他们马不停蹄地做了一天一夜的手术。他妻子Margaret

在日记中写道："因为连续工作过度疲劳，（姚守仁）显得憔悴、消瘦、面部皮肤干而紧，头像个骨架……"

第十二章 寻访峨眉山新开寺

峨眉山曾经有过一段奇特的历史。一群传播基督教的西洋传教士，在中国的这座佛教名山之中居住了几十年！这个地方叫新开寺。西洋人与新开寺僧人签订了为期 99 年的租地合约，然后在寺院周围修建了七十二幢别墅，另有公共浴室、礼拜堂、篮球场、网球场、商店、诊所等，中国银行还特地在此设立暑期办事处，邮政局设立了二等邮局。然而这一切如今荡然无存。这是一个什么样的地方？

2012 年春，一个特殊的因缘让我走近了新开寺，于是许多不为人知的隐秘逐渐袒露出来……

第十三章 对一个犹太学者的访谈

曾经在中国留学的文佳兰（Karen Minden），在一次聚会上认识了曾经在中国工作的姚守仁，姚守仁让她到多伦多联合教会档案馆阅读一下相关资料，并鼓励她做这方面的研究。文佳兰抱着试一试的心情去了档案馆，不想一下就被那些充满坎坷而又波澜壮阔的往事深深吸引，她就像无意间蹚入一条风光奇异的小河，惊讶之余萌发了沿着小河向前游去的想法。于是，她开始了百年前加拿大在川传教士的研究……

为了搜集资料和采访当年在中国工作过的加拿大传教士后裔们，我穿行加拿大几个城市采访，有时坐下来一聊就是几个小时，即便是吃饭，有些老人还不能从遥远的回忆中抽身出来，我只好放下碗筷刀叉做记录，经常饭菜冰凉。回到房间再整理时，窗外已是繁星满天。我没看清任何一座经过的城市，脑海里塞满的全是那些受访者在中国的往事。从老人们念念不忘的麻婆豆腐，到能讲一口中文市井俚语的丁克生博士的往事，再到史蒂文森与布朗小姐的中国之恋，以及 Ken 的烦恼和 Katharine Hockin 的故事……我时常会有些恍惚，把加拿大与中国混淆，分不清自己身处何处。

然而，一些意想不到的际遇又把我拉回现实……

第一章　赫斐秋的半世奇缘

一

1887 年，正值壮年的美国人赫斐秋（Virgil C. Hart，1840—1904）结束了在华的工作，准备从上海启程回国。从 1866 年美国美以美会（Methodist Episcopal Mission）派他来中国，转眼已过 21 年。赫斐秋人生中最好的年华是在中国的福州、九江、南京、镇江、芜湖等地度过的。他先后参与创建九江同文中学、镇江崇实女子中学等教育机构，并培养了不少

赫斐秋

优秀人才。中国人熟悉的美国女作家、诺贝尔文学奖获得者赛珍珠就毕业于崇实女子中学。

赫斐秋收拾好行李却感到依依不舍，这时他才发现自己已经离不开这个动荡不安的国家：美丽与哀愁共存，漫长的历史赋予她极大的魅力。赫斐秋正要登船，却忽然接到总部的电报：速去重庆处理教案善后之事。任务虽然相当棘手，赫斐秋却感到有些释然，因为可以借

此到向往已久的峨眉山游历。不承想这趟西南腹地之旅，彻底改变了他后半生的命运。

长江三峡（云达乐提供）

清朝末年，社会动荡，延续了两百多年的大清王朝气数已尽，摇摇欲坠，各种社会矛盾愈发尖锐激烈。在这种社会背景下，义和团风潮席卷全国，外国人和国外宗教人士常常成为攻击的对象，也是许多矛盾爆发的导火线，于是频发各种"教案"。

赫斐秋登上由上海到宜昌的小火轮，然后再改乘通往重庆的木船。那时，穿越三峡进入四川是一条危机四伏、艰险无比的道路，如果遇到大雨、洪水，有时需要一两个月才能抵达四川。可是赫斐秋并没有感到恐惧和害怕，反倒有些兴奋，因为去峨眉山是他的夙愿。

身为基督教徒的赫斐秋，对中国佛教圣地峨眉山有种莫名的向往。凡事喜欢琢磨深究的赫斐秋，试图通过对峨眉山的了解，探究佛教对中国人精神层面的影响。如何处理重庆教案的善后之事，赫斐秋着墨不多，这与他喜欢文字记述，有时甚至有点琐碎的风格不同。处理完重庆的事之后，他很快由水路前往乐山。乐山当时称嘉定府，下辖多个县，峨眉山在距府治30多公里的峨眉县境内。

赫斐秋为了这趟峨眉山之旅做了充分的准备，聘请了中文老师、翻译、挑夫等。这支人数不少的队伍，在嘉定城登岸时被很多人围观，甚至寸步难行。赫斐秋的一头银白色头发和唇边修剪别致的八字形白胡须，让乐山人十分好奇。有人问他高寿几何？赫斐秋笑称自己150岁。对方大惊，称他神仙在世。而随队挑夫们则对乐山美食垂涎不已，撂下担子直扑小吃摊，把雇主扔在一边狼吞虎咽。赫斐秋惊讶地发现城里商铺的货物非常丰富，甚至有来自欧洲的商品。一些身着华丽丝绸

赫斐秋《峨眉山游记》扉页

的妇女和孩子如同度假一般在城墙上闲逛、放风筝。当地人热情好客，乐于与他们聊天，介绍风土人情。而赫斐秋也目睹和感受了嘉定的另一面：一些人因为少有洗澡，散发出令人窒息的体味；抽鸦片、缠足，以及溺死女婴等。他在街上还看到一则官府的布告，上面写道：为了防范再次发生酒后打架斗殴利器伤人事件，禁止任何人携带刀子和短剑；今后打架斗殴当事人将被以谋杀犯罪论处，云云。

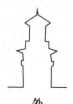

1887 年赫斐秋绘峨眉山万年寺无梁砖殿

赫斐秋游览了乐山大佛。他被这尊巨大的弥勒佛像深深震撼！他后来在游记中写道：整座山从山顶到水中雕刻着一尊佛像，扬子江水拍打着大佛脚下的悬崖，发出巨大的声响。他还看见大佛的头上长有许多郁郁葱葱的小树，甚至听当地人讲大佛的鼻子是损毁后重新安上去的假鼻子等。离开嘉定城后，赫斐秋经苏稽、符溪一路前行。一路见闻令他十分惊讶。他不但写下大量笔记，还画了包括铜铸华严宝塔、万年寺无梁砖殿、菩萨像等多幅素描。1888 年，这本名为 *Western China：A Journey to the Great Buddhist Centre of Mount Omei* 的书籍出版。按照字面意思直译，书名应该是"中国西部：一段伟大的佛教中心峨眉山之旅"，而一些学者根据书中的内容，认为意译为"峨眉山游记"更为贴切。这是我目前能读到的西方人士介绍峨眉山最早、最详细的书籍！遗憾的是，此书目前还没有中文译本。

1887年赫斐秋绘华严铜塔。该塔元代铸造，现存
峨眉山伏虎寺

　　赫斐秋在书中写到，在原来有限的认知里，他以为四川边远闭
塞，"峨眉山地处中国文明的边缘"，然而到达之后，所见所闻大大出
乎他的意料。他赞叹："峨眉山是自然与人文的天堂……""这里有许
多人文奇观，有成百上千的盐井、伟大的丝绸文化，也是白蜡工业的
中心。这里山被雕琢成各种各样的神像，有巨大的青铜造像，以及青
铜塔……"这里的青铜造像、青铜塔分别是指普贤骑象铜像，以及华
严宝塔。

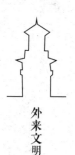

1887年赫斐秋绘峨眉山菩萨

美与丑、善与恶，令赫斐秋不断震惊与叹息！

旅行结束后，他决定留在中国，并到四川开展工作。尽管他知道将面临巨大的困难，或许收效并不大。这一切就像他在书中所说，"也许就像长江雾气中的蜡烛，只有微弱的光亮"，但是他呼吁要在那里"建立起公益性的设施，每一个公益性的机构要有资金、有医院、有经验的护工……继医院之后第二重要的是建立学校，因为知识非常重要……我们要把中国放在与英格兰同样重要的位置，派最好的人去中国，派去的人不但是最聪明的，还要有高尚的心灵"。

然而一场疾病，让赫斐秋的愿望暂时搁置下来。

赫斐秋与峨眉山佛门朋友

二

在乐山市中心城区的老公园内，有一幢几乎被人遗忘的破旧小楼，屋顶垮塌，门窗空敞，阒寂无人。但只要留心观察，不难发现此楼与城中仅存为数不多的古建筑风格迥异——青砖灰瓦，一楼一底，内铺木地板，在西方建筑中融入中国元素。这座小楼曾是闻名遐迩的嘉定教文馆，中国西部最早的近代印刷厂，其创建者正是赫斐秋。20世纪50年代至80年代，这里是乐山图书馆所在地。

峨眉山之旅结束后，赫斐秋本想留在中国，并到中国腹地四川来工作，可是困扰他的疟疾再次发作，使他未能如愿。两年后他身体逐渐恢复，于是转向加拿大英美会（Canadian Methodist Mission）申请来中国。他卓越的工作成绩，以及妻子是加拿大人的背景，终于使他如愿以偿。1891 年 10 月他偕妻子与启尔德（Omar L. Kilborn）、何忠义（G. E. Hartwell）、史蒂文森（David Stevenson）夫妇等一行 9 人作为加拿大的第一批传教士前往中国四川。

1891 年加拿大首批派往四川的传教士。前排左一、左二为赫斐秋夫妇

　　赫斐秋一生在中国工作 30 多年，那是中国社会最动荡的时期，他能克服无数困难，除了坚强的意志外，还得力于妻子的大力支持。30 多年前，英俊年少的赫斐秋，从美国安大略湖此岸去加拿大安大略湖彼岸走亲戚，不期与美丽聪慧的艾德琳相遇。她刚巧也来此探望表兄妹，这次巧遇似乎是上天赐予的姻缘。当几个朝气蓬勃、充满理想的年轻人聊天时，赫斐秋表达了将去中国奉献的愿望，艾德琳立刻表示自己也愿意做同样的事。两颗心一下走近了。不久赫斐秋与艾德琳结婚，随后两人一同前往中国。那一年赫斐秋 25 岁，艾德琳 19 岁。他们在海上航行 6 个多月，绕过非洲，于 1866 年 5 月抵达中国福州。

在中国华南华东地区，赫斐秋不但学会各地方言，成为一位优秀的语言学家，取得许多令人称道的成绩，还与妻子生育了 4 个儿子、1 个女儿。

到四川筹建华西差会的过程中，赫斐秋感到很有必要建立一个印刷厂（后名为嘉定教文馆）。当时四川的活字印刷业几乎是一片空白，有限的雕版印刷费工费时，价格不菲。购买书籍相当不易，大部分书刊要从上海运来，有将近三分之一丢失在艰险的途中。

赫斐秋经过反复考量，决定在嘉定建一个印刷厂。原因有三，其一是坐拥三江的便利交通；其二是相对开放，排外情绪不如其他地方严重；其三也是最重要的一点，嘉定造纸业比较发达，辖下夹江县有上千年手工造纸历史，而且距离嘉定城不过 30 公里。他想如果能采用部分夹江纸，将大大降低图书成本。

1897 年，赫斐秋利用回加拿大度假的时间，游说朋友和同事，终于筹集到 1500 美元捐款。他用这笔钱采购了两台印刷机（一台戈登平压机，一台手摇印刷机），又在上海购买了数量有限的汉字字模。为了将这些机器装进平底帆船运入四川，赫斐秋在宜昌颇费了一番周折，以免穿越三峡的急流险滩时触礁翻船。

嘉定教文馆

第一章　赫斐秋的半世奇缘

据资料记载，这两台小型印刷机是中国汉口以西最早使用的印刷机。嘉定教文馆开业那天，乐鼓齐鸣，当地官员和一些乡绅也到场庆贺，不少百姓争先恐后前来看热闹。

嘉定教文馆落成典礼

嘉定教文馆开四川西式印刷技术之先河，但在最初的几年时间遇到许多困难。赫斐秋在回忆录中写道：

> 我们用一个工人来开始工作，为 5000 万人印制我们的所有书籍。而这个工人是一个外国人。我们缓慢地进行着。在印刷第一本小册子的那个日子，我看见他由于喜悦而双眼发光……一年以后，当已经印刷了 15 万册图书的时候，我增加了两三个工人。第二年，又增加了六七个工人。现在我们雇用了 16 个年轻人，一年之中印刷了 310 万页读物。

数年以后，他在多伦多维多利亚学院（Victoria College）的一次演讲中说道："……中国人是一个喜爱读书的民族，我认为当他们阅读、收藏和喜爱书籍的时候，没有什么更好的方式比得上以印刷品作为媒介来影响他们。"

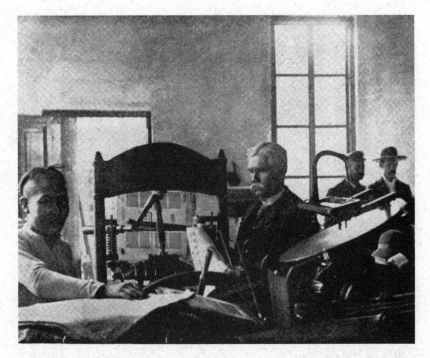

赫斐秋在嘉定教文馆观察印刷情况

　　1900 年庚子事变中，赫斐秋不得不离开，嘉定教文馆因此一度停业。事变结束后他因疾病复发不能返回中国。后来在他的建议下，1902 年春，文焕章被派到嘉定重启印刷厂。从此，文家三代与中国乐山结下不解之缘。

　　文焕章是一位懂印刷业务、精力充沛的管理者，在他的带领下，教文馆得到了更大的发展。至 1903 年底，教文馆的铅字库扩大一倍，又添加了几台机器。据统计，从 1902 年 3 月至 1903 年底，教文馆共印书 22.6 万本，各类小册子和折页总计 1083.1 万页。此外，还印刷了日历、张贴画、地图等 169450 张。

　　嘉定教文馆开业后，大量采用夹江生产的纸张，只有彩色封面使用外国进口纸张，这在一定程度上推进了夹江造纸业的发展。4 年后嘉定教文馆增加到 40 人，成为当时中国西部很有影响的外资企业之一。

嘉定教文馆里的中国工人正在进行排字工作

1904年，嘉定教文馆迁至成都，次年更名为"华英书局"，内部分为铸字、中英文排字、石印、装订等科，抗战期间员工达200人，后来发展为成都印刷一厂。

在嘉定教文馆搬迁成都之后，教文馆遗址及周边一直是乐山文化中心之一。抗日战争时期乐嘉小学和乐嘉中心就设在其中。20世纪30至40年代，乐山先后兴办了《诚报》《乐山公报》《正政新闻社》《立言报》《西南半月文化刊》《正声报》等30多种报刊，其中半数左右在嘉定教文馆附近。并且，嘉定教文馆在一定程度上还促进了乐山机器造纸业的兴起……

三

1892年5月21日，赫斐秋再次踏上四川土地，时已52岁，在几个同行者中最年长，是在中国生活时间最长、最了解中国、汉语最好的人，也是这个小团体的负责人。几个正夜以继日学习汉语的年轻人风趣地用四川方言称他"老爹"。

他们在成都安顿下来不久，开始着手向周边拓展，嘉定成为首选。可是派谁去最合适呢？渴望能独当一面、施展抱负的年轻人竞相陈述自己的优势。启尔德、何忠义、史蒂文森相持不下。

最后赫斐秋一锤定音：启尔德去！"老爹"发话了，大家不再相争。后来事实证明赫斐秋的决定英明。

身为医生的启尔德不但创建了乐山最早的西式诊所，其家族也由此开启了一门三代 70 多年服务于中国的历程。史蒂文森虽然也是医术精湛的大夫，可夫人不幸在 1895 年的"成都教案"中受到强烈刺激，精神恍惚，史蒂文森不得不带妻子返回故乡。

赫斐秋是在乡村长大的，从小在农场里劳作，练就了吃苦耐劳的性格。上大学也是靠自己种蔬菜、伐木材所得支付学费。他初到中国时语言不通，曾遭遇瘟疫、跳蚤、鸦片和劫匪等各种意想不到的困难，可赫斐秋凭借不屈不挠的意志，从 1866 年到 1887 年，先后在扬州、南昌、南京和芜湖建立起当地第一所西药房、西医院以及男女学校。他孜孜不倦的求知欲、旺盛的创造力，使他在很多领域颇有建树。

纤夫（谢道坚后人提供）

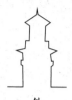

1887 年赫斐秋从峨眉山返回美国时，疟疾复发，身体状况很糟。这是之前在苏州埋下的病根。夏季潮湿闷热的南方，蚊虫疯狂，疟疾四处传播，成为最流行的瘟疫之一。赫斐秋反复告诫仆人一定要划船到河中间取水，因为河心污染相对较轻。仆人最初坚持照办，可是见洪水之后瘟疫缓解，便开始贪图便利在河边取水，赫斐秋由此不幸染上疟疾，只是因为他体质较好，疾病潜伏期也比较长，才没有立即发作。

那时还没有根治疟疾的良药，无论是西药还是中药。待发冷、发热接踵而至并不断发作时，赫斐秋病情已经非常严重。

一年后，赫斐秋的身体依旧没有大的起色，他只好辞去教会的中国中西部管理者一职回国。妻子特地在加拿大伯灵顿乡间购买了一个果树农场，希望清新的空气、洁净的水，以及辅助治疗手段能够使丈夫尽快恢复健康。

1890 年，经过两年调养，赫斐秋身体逐渐好转。就在这时，加拿大英美会为第一批派遣到中国的医学传教士寻找负责人，一直想再返回中国的赫斐秋成为最佳人选。

最初，加拿大教会决定在中国拓展，但并不确定什么地方合适。此时，赫斐秋强烈建议到四川。他以自己在四川的经历作了详细认真的阐述：四川是一个美丽、肥沃的地方，有巨大的矿产资源，可以大规模种植各种作物，可惜很多土地用于种植罂粟。吸食大烟和饮酒使很多当地人变得像死人一般苍白。他们普遍没有卫生知识，住所肮脏并充满了害虫，一半的人患有疾病，只有原始的补救措施。女性缠足和杀婴等罪恶需要被根除，以及 5000 万人需要信仰、英雄主义和勇气，等等。

赫斐秋的建议得到了采纳。1891 年 10 月，他带领几位刚完成学业的年轻人从温哥华起航前往中国。他们途经日本京都时经历了地震，到上海后，又遇上骚乱。一行人不得不滞留上海，一边学习中文，一边等待时机。

三个月后，赫斐秋带领大家出发，沿长江历尽千辛万苦经武汉、宜昌、重庆、宜宾、乐山到达成都。随后，他的妻子艾德琳与女儿Dr. Hart也到达四川。不久 Dr. Hart 就和本地教师给当地孩子们上课，很快有大人加入班里。

1893 年，赫斐秋用诺瓦斯科舍省一个朋友捐助的 1000 美元，建造了可以容纳 300 人的砖木结构教堂。1894 年，教堂的藏书室对外开放，吸引了成百上千的中国人热切了解世界的目光。

1915 年，华西协合大学为纪念赫斐秋，历时 5 年修建了一座名为赫斐楼（又名合德堂、赫斐院）的教学楼，以三重檐四角攒尖顶的方形塔楼与单檐歇山顶为主，中式传统大屋顶上建有西式塔楼，塔楼第一层屋檐由 12 只石刻凤凰支撑，蔚为壮观。这是华西坝古建筑群中重檐最多的中西合璧建筑。2013 年 5 月，该楼被国务院定为全国重点文物保护单位。

而赫斐秋与启尔德等人创办的成都第一家西医诊所，后来发展成为成都仁济医院，再后来成都仁济医院又开枝散叶，分别成为如今四川大学华西医院、成都市第二人民医院的前身。

赫斐秋在《峨眉山游记》之外，还写下《寺庙与圣人》一书，谈到儒释道三教在中国的影响，尤其是孔子对中国文化深远的影响。虽然因不同的文化具有不同的价值观和视角，赫斐秋书中的一些观点有失偏颇、值得商榷，但是，他勇于探索的精神却是值得敬重的！他一生留下大量关于中国的笔记，对我们了解那一段历史具有重要价值。

赫斐秋撰写的《寺庙与圣人》　　　　《寺庙与圣人》目录

1900 年中国爆发了庚子事变，义和团以"扶清灭洋"为号召，拔电杆、毁铁路、烧教堂、杀外国人和教民。清政府听信义和团能够刀枪不入、赶走外国人之说，于 1900 年 5 月 25 日对十一国宣战。而英、美、法、俄、德、日、意、奥八国组成的联军，于 6 月开始向北京进犯，中国陷入空前的战乱。

赫斐秋不得不离开中国，那时他的身体每况愈下。他曾经在中国 10 个城市生活过，战胜过无数难以想象的困难，可是不料最后为疟疾所困。

1904 年，赫斐秋在加拿大病故，享年 64 岁。

或许，64 年的生命并不算长，但是，熟知赫斐秋的人都感叹道：这位德高望重的"老爹"人生经历辽阔、深厚，多姿而又精彩！

《赫斐秋传》以嘉定教文馆为封面图　　《赫斐秋传》目录

四

2015 年 10 月，我在加拿大多伦多采访了赫斐秋 80 多岁的曾外孙 Bud Crawford 和 70 多岁的曾外孙女 Cathy Greer。他们特地从美国赶来参加"CS"聚会。

CS 是加拿大学校的英文缩写。"CS"聚会发起于 20 世纪 30 年代，至今已经延续了 70 多年。远在美国的 Bud Crawford 和 Cathy Greer 是第一次来参加这个聚会。这一届的主题正是关于第一批到中国的赫斐秋、启尔德、何忠义、史蒂文森等家族。他们做了充分的准备，泛黄的日记、破旧的皮箱、老照片、书籍等，弥足珍贵。

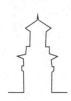

2015年赫斐秋的曾外孙女在"CS"聚会上讲述曾祖父在中国的往事

何忠义的孙子（右一）带着爷爷奶奶的油画肖像参加"CS"聚会

　　Bud Crawford 听力和视力都不太好，即便借助放大镜和助听器，也需要妹妹 Cathy Greer 在一旁翻译解释。开朗活泼的 Cathy Greer 与寡言敦厚的哥哥形成鲜明对比，在外貌上也比哥哥更多遗传了曾祖的基因。

她告诉我，她与 Bud Crawford 的爷爷是赫斐秋的第二个儿子，名叫赫怀仁（Edgerton H. Hart），是一位医学博士，1895 年至 1913 年间担任芜湖医院院长，引领了安徽省 17 年的外科发展。该医院是当时安徽省最大、技术力量最强的医院。

1913 年安徽洪水暴发，百姓流离失所，不少灾民感染上斑疹伤寒。赫怀仁在救治灾民时不幸被感染，最后死在芜湖。Bud Crawford 和 Cathy Greer 的奶奶 Caroline Maddock Hart 是爷爷的第二任妻子，1905 年至 1913 年期间担任该医院的护士长。她是中国护士协会第一个负责人，也是三个创始人之一。这个组织直到现在依然存在。

赫斐秋的儿子赫怀仁

赫怀仁的第二任妻子

Bud Crawford 和 Cathy Greer 的妈妈以及她的 7 个兄弟姐妹都出生在芜湖。其中两个姨妈在美国完成学业成为教师，后来一个随丈夫到上海，另一个随丈夫到达庐山，继续服务于中国。赫斐秋家族一直与中国渊源不断。

Bud Crawford 说起在四川大学华西临床医学院任英语教师的儿子史丹利（Stanley Crawford），脸上露出欣慰的笑容。史丹利在高收入者居多的赫斐秋家族中显得有些叛逆，四处漂泊，收入不定，50多岁依旧单身。就在家里对他的婚事由着急催促，到不再过问时，他却忽然宣布在中国找到自己的伴侣——一个中年的成都女子。

　　史丹利对中国的情感，追根溯源也许得从他奶奶，也就是赫斐秋的孙女说起。赫斐秋一生大部分时间在中国度过，他的儿子、女儿也跟随他到过中国一些城市。这个孙女就出生在赫斐秋当时工作的芜湖。

　　史丹利童年的不少时光，是在奶奶和姨婆的中国故事中度过的。两人讲起中国往事眉飞色舞，一些遇险经历在平淡无奇的日子里回忆起来，竟变得多姿多彩，令人心动。这让史丹利对中国充满向往。

　　就在家族对史丹利婚事失望时，奶奶给他这个来去无牵绊的单身汉一项特殊使命：到中国去，把高祖曾经工作过的 10 个城市走一遍。奶奶给他使命的同时，也给了他一笔钱。

　　1999 年，史丹利开始了中国之旅，九江、芜湖、庐山……当童年的梦与真实的场景重合，他欣喜不已。奶奶资助的钱很快告罄，他便到当地学校当英语老师，积蓄一些钱之后，便在寒暑假里接着走。他走走停停，在芜湖停留的时间最长，还被芜湖市政府授予荣誉市民称号。

　　接着，他来到成都。这一年他 55 岁了，与高祖到达成都时的年龄相近。他欣喜地在四川大学华西临床医学院找到一份工作。工作之余他将赫斐楼从各个角度拍照，并传给在美国的亲戚。闲时，他在成都周边四处转悠，对这座初次造访的城市，他似乎并不感到陌生，大约 1892 年高祖来成都时就给史丹利牵下了某种缘分。

赫斐秋的玄孙史丹利在四川大学赫斐楼前留影

史丹利喜欢麻辣的食物，为美食不惧各种"苍蝇馆子"。他惊叹天府之国女子的靓丽，这与一些西方人的审美不同。

按照中国政府对外籍人士的有关规定，他只能在中国工作到 60 岁，于是他计划在成都工作 3 年，然后再到乐山工作 2 年。他对这 5 年的假期做了初步安排：峨眉山、乐山、重庆、汉口等。这是寻根计划的一部分。

史丹利的到来让一些华西临床医学院的师生感到新奇和不可思议，大家都乐于与他攀谈，而他张扬又有些落拓不羁的性格，让他很快结交了不少成都朋友。

成都市第二人民医院向他颁发了"仁济院史顾问"聘书。在一次朋友的聚会上，经朋友牵线搭桥，他认识了一位成都女子，似乎也是赫斐秋家族与四川冥冥之中的缘分。短暂的时间内，毫无积蓄的史丹利迎娶了这位经济条件远比他优越的成都女子。这大约也是当年祖爷爷种下的善因，漂泊了大半生的史丹利终于成家了。婚礼在赫斐楼前举行，简单而又热烈，这份奇缘引起不少媒体关注，纷纷报道。

Bud Crawford 告诉我，他母亲，也就是史丹利的奶奶如今已不在世了，史丹利在中国的行走既是为家族，也是为自己。他是赫斐秋家族的第五代，与中国的缘分还会延续下去。当他和妹妹得知曾祖在乐山创建的嘉定教文馆遗址还在时，二人惊喜万分，表示一定争取来乐山了却心愿！

作者采访赫斐秋的曾外孙（右一）及曾外孙女（中），并赠送书法作品"仁者乐山"

第二章　启尔德家族的三代使命

一

启尔德（Omar L. Kilborn，1867—1920）是乐山第一座近代医院——嘉定福音医院的创建者。他不仅是一位医术精湛的大夫，也是一位杰出的教育家。

青年时期的启尔德

中年时期的启尔德

启尔德还未满 23 岁就获得皇后大学（Queen's University）医学博士学位。该校 1841 年根据维多利亚女王的皇家宪章建立，是一座历史悠久的名校，尤以生物学、医学出类拔萃。在医学之外，他还获

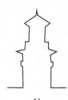

得文学硕士、化学硕士学位，又曾在爱丁堡、海德堡等城市的学校中深造。丰富的知识储备为他日后在四川开辟医疗事业奠定了坚实的基础。

1891年10月，启尔德与妻子詹妮·福勒远渡重洋来中国时年仅24岁。一行人在上海登岸，经过一段时间语言强化学习，再辗转到成都，已是第二年初夏。

初来乍到，千头万绪的事务，以及方言、气候、饮食等原因令启尔德夫妇无所适从，而更令人悲伤的是成都暴发的霍乱使詹妮·福勒不幸染病。她与启尔德同龄，也毕业于皇后大学，是一位文学博士。

1891年第一批来四川的加拿大人士，后排右二、右一为启尔德夫妇

那时，还没有治疗霍乱的有效药物，加之盆地夏季气候潮湿闷热，病症来势凶猛，剧烈的腹泻和呕吐使人很快衰竭。身为医生的启尔德对妻子的病也束手无策。

两人在来中国之前才举办了婚礼，青春、爱情似乎与憧憬、美好、浪漫紧紧相连。然而残酷的现实如重锤砸下，彻底砸灭他们的美梦。

1892 年 7 月 10 日，詹妮 · 福勒在发病 18 小时后去世，距她到达成都还不到两个月。她是第一个在四川去世的加拿大人，也成为这次成都大瘟疫死去的 30 万人中的一个。

詹妮·福勒甚至还没来得及给自己取一个中文名字。那时来中国的外籍人士，为了便于与当地人打交道，都会取一个中文名字。

詹妮·福勒的死给了启尔德沉重打击，悲伤如一张沉重的网时刻缠绕着他，几乎使他窒息。他只有用身体的极度疲劳来排遣内心的痛苦，没日没夜为筹办诊所操劳。

这一年 11 月，位于成都四圣祠北街的诊所开业。这是四川第一家西医诊所，取名福音医院，是西医入川的里程碑。

然而，现实却给他们的热情泼上一瓢冷水——新开业的诊所冷冷清清，大多数时候整天无人光顾，甚至连过路的人也刻意回避躲闪。

就在诊所陷入困境时，另一批加拿大人士到达上海。因为他们的语言障碍以及对中国习俗不了解，启尔德被派去迎接。

启尔德没有想到，新来的人中有一位女子，名叫 Retta Gifford。在当时女性很难被允许学医的情况下，她竟获得加拿大多伦多大学医学博士、化学硕士等学位。

Retta Gifford 来中国时已经 28 岁。这个年龄尚未出嫁，又去遥远陌生的国度服务，她已经发誓不谈婚论嫁，把自己的一生献给医学事业。

然而缘分似有天定。当 Retta Gifford 与启尔德相遇时，爱情之火被点燃。那时从上海乘船到成都需要两三个月时间。漫长的旅途，狭小的空间，无意间给启尔德提供了频繁接触 Retta Gifford 的机会。她准备在四川创建妇孺医院的想法，让启尔德刮目相看！渐渐地，启尔德受伤的心被抚慰，而 Retta Gifford 也被这个比自己小 4 岁却才华横溢的男子吸引。

于是，破旧颠簸的木船因为承载爱情而变得美好浪漫。旅途结束时他俩宣布订婚。

Retta Gifford 与启尔德订婚的消息在加拿大引起轩然大波！那时妇女被认为不适合做传教士，因妊娠、分娩、照顾孩子等，她们难以保证全身心投入工作。因此，一旦申请做女传教士者，必须同教会签约保证单身不结婚。

Retta Gifford 来中国之前就与加拿大教会签订了这样的合约。如今违约，这意味着她将受到严厉的惩罚。启尔德安慰 Retta Gifford：让我们一同面对吧！

启尔德就读的大学

<h1 style="text-align:center">二</h1>

Retta Gifford 因为与启尔德的爱情受到严厉处罚，除了薪水之外，传教士资格也被取消。

1894 年 5 月 21 日，启尔德与 Retta Gifford 在教堂里举办了婚礼，在成都的朋友以及少数清朝官员和家属参加了婚礼。

启尔德与启希贤（前排正中）在成都结婚留影。启尔德的同事大都着中国服装参加。第三排左一为赫斐秋

这一天启尔德正好抵达成都两年。然而短暂的两年却让他经历了人生中刻骨铭心的悲欢离合，大起大落。

婚后 Retta Gifford 取中文名：启希贤。英文名字加上丈夫的姓氏：Retta Gifford Kilborn。

启希贤（中）初到上海时留影

着清代服饰的启希贤博士（右）

启尔德夫妇与孩子们，后排中间为长子启真道

启希贤因为追求爱情受到惩罚，可她并不是第一个被爱情征服的女传教士。两年前与启尔德一同来四川的 Brown 小姐，也就是后来的史蒂文森夫人也犯了同样的"错误"。

Brown 也曾立志单身，才得到教会许可到中国工作。不料 Brown 在来中国的邮轮上，猝不及防地与史蒂文森坠入爱河，并在上海登岸后举行了结婚仪式。这件事令教会大为恼怒，立刻取消了 Brown 的传教士资格，甚至连来中国的船资也被要求退还。

如今，启希贤也触犯同样的教规，也将面临与史蒂文森夫人同样的结果。

不过启希贤的医生身份为她争得一个机会。在受到指责的同时，有人为她申辩：这是到四川的第一个女医学博士，在"男女授受不亲"的中国太需要女医生！也许她能从另一个角度打开工作艰难的局面……

激烈争执之后达成一项协议：对启希贤降薪，保留教士身份到第一个工作期（五年）结束。

清末嘉定城西瞻峨门（谢道坚摄）

1920 年启尔德去世后，她的传教士身份才得以恢复。所以，在加拿大教会妇女传教士的档案上，启希贤的工作时间是从 1921 年算起的。而在第一个工作期间（五年），她的身份是随行家属，所有付出只有微薄的报酬。只有在每一个孩子出生后，她会获得一定生活补贴。

婚后启尔德带启希贤来到嘉定。两年前启尔德在城西瞻峨门城墙下租民居开设的西式诊所，依旧冷冷清清，尽管这里是嘉定通往峨眉的必经之路，但是极少有人问津。

夫妻两人为了适应中国人"男女授受不亲"的习俗，将诊所分为两间：一间由启尔德负责接待男患者；一间由启希贤负责接待女患者。

那时西医在不少中国人眼里是"魔"，颗粒极小的白色药片之所

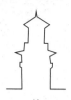
以能治病，是因为被魔鬼施了法术。人们担心被魔鬼附身，甚至危及家族，即使病入膏肓，他们也大多不敢前来问津。

启尔德（后排右一）与红十字会成员

就在启尔德与启希贤一筹莫展时，一天，一个妇女带着一个约莫10岁的盲童战战兢兢来到诊所。她四处求医无果，绝望中冒险一搏来到西医诊所。

经过诊断，启尔德发现男孩患后天白内障，于是说服这位母亲给孩子做手术。

手术后孩子重见光明，母亲千恩万谢，问需要多少钱。启尔德不收费，条件是要她在城里发传单，母亲欣然接受。此事一时间在嘉定城传为奇谈。

诊所由此开始有了转机。1895 年 4 月，启尔德夫妇的长子 Leslie G. Kilborn 在嘉定白塔街出生，夫妻俩非常开心，给儿子取中文名：启真道。

同年 5 月 28 日，他们带着刚满月的儿子去成都，正好遇到端午节，老百姓在东校场玩"打李子"。人们互掷李子，对打娱乐。

启尔德与妻子启希贤

在封建社会的观念里，儿子才可以继承祖业，延续后代，使家族一代一代传下去。因此"李子"被看成"儿子"的隐喻。每逢端午打李子，现场如同大庙会，最多时聚集几百上千人，李子漫天飞舞。那些已婚妇女更是踊跃，觉得谁抢到了谁就会生下儿子。

启尔德夫妇担心飞落的李子伤及儿子，便将孩子裹起来，躲闪着进入附近的四圣祠北街教堂。该教堂占地 3 英亩，可以容纳 300 多人，是当时城里最气派的建筑之一，由赫斐秋主持购地修造。

就在启尔德夫妇进入教堂时，忽然有人造谣生事：洋人偷小孩了！

那时西医还不被大部分中国人接受，一些人甚至认为，西药是用小孩的眼睛和肝脏制成的，所以一听说外国人偷小孩，玩打李子的人便将教堂团团围住，要里面的洋人交出小孩。

启尔德与在教堂里的史蒂文森为了驱赶聚集的人群便向天鸣枪，哪知更引起围观者的愤怒。众人开始打砸教堂，最后放火焚烧，甚至连同教堂旁边的医院、孤儿院、住所都没有放过。启尔德等人赶紧翻墙逃出去。

前来解围的华阳知县黄道荣，在半途就被人拉下官轿，他乘坐的官轿也被砸烂。

最后四川总督刘秉璋带兵出面制止，也无力控制局面。

接着，事态不断扩大，成都周边17个县，连同嘉定、眉山等地，有70余处教堂被捣毁。

事后，清廷迫于美、英、法等国的压力，将刘秉璋等人革职，永不叙用；华阳知县黄道荣、乐山知县洪祖年、署乐山汛千总黄承烈等11人也被革职；另外还处死肇事者6人，充军、枷杖17人。

这便是近代历史上著名的"成都教案"。

事件发生后，启尔德夫妇、史蒂文森夫妇不得不离开成都到上海躲避。史蒂文森夫人因为过度惊吓而精神错乱。史蒂文森只好带妻子返回加拿大治疗，从此他们再也没有踏上中国土地。

三

成都教案后，启尔德等人暂避上海。回首在四川的几年经历，他感慨万千。最初只有一两个人支撑的诊所，刚刚有了起色，可是转眼一切化为乌有！

这时，摆在启尔德面前的是两条路。一是离开中国回加拿大。史蒂文森正打算带精神错乱的夫人回国。史蒂文森与启尔德是大学同学，当初满怀憧憬一起来四川，如今见他妻子这般景象，内心不免凄凉。二是返回四川，面对更复杂的矛盾，也更危险的局面。自己该何去何从？

启尔德夫妇（第二排右一、二）和三个子女（前排）、谢道坚夫妇（第二排左一、二），以及成都四圣祠医院的中国同事

暂住上海的启尔德整天都在思考这些问题。年底，得知成都事态基本平息后，他毅然携家人从上海返回成都。

不但如此，他还做出了一个惊人的决定：在被毁的四圣祠福音医院原址上重建医院。

这意味着那6名被处斩者，以及17名被流放充军者的亲属朋友会随时迁怒于他，意味着他每天都要面对极大的压力。

当初福音医院创建十分艰难，最初只有他一个医生，房舍简陋，病人寥寥。后来余安（R. B. Ewen）、赫尔（H. M. Hare）、王春雨（W. E. Smith）等医生加入，才逐步扩大。而现在，他又得一切从头开始。

1896年秋，启尔德在四圣祠礼拜堂原址上重建的医院开业，拥有25张床位。然而好景不长，1902年四川红灯教女首领廖观音起事，四圣祠礼拜堂和医院再度被毁。启尔德又一次遭受打击。

启尔德（前排左一）与同事们在峨眉山避暑，背景寺院"普度众生"牌匾也昭示着他们的责任

　　廖观音，女，金堂人，在大家族中排行第九，故称廖九妹。她从小喜欢习武，后来拜红灯教教主曾阿义学"神拳"，开始借宗教宣传反清灭洋主张，其主要活动区域在华阳、简阳、仁寿一带。

　　红灯教设棚为单位，由师父传教，每11名教徒为一小棚，由棚首领指导练拳，每10个小棚为一大棚，借以约束组织教众。

　　红灯教其他首领也化名为罗汉、神仙等，假托佛法来号召民众。

　　廖九妹仿照观音菩萨的装束，经常身着月白短衫，头顶青巾，因此被一些人称为"救苦救难的观音菩萨下凡"，"廖观音"也由此得名。

　　红灯教的特点，有一副对联可见一斑。上联为"打铁打钢打江山都是铁罗汉"；下联是"救苦救难救黎民争效观世音"；横批为"扫清灭洋"。

　　1902年春，四川大旱，社会矛盾更加激烈。义和团"杀洋人、杀贪官、打富济贫、抗粮抗捐、焚教堂、抗官兵、围州县"的口号吸引了不少为生活所困的百姓加入。在四川众多形形色色的义和团队伍中，廖观音领导的红灯教是最突出的一支。

廖观音率领红灯教队伍血战龙潭寺，围攻金堂，直逼成都，打死清政府从二品大员孙烈全，并令人割下孙烈全的首级，以祭奠死去的红灯教同伴。暴烈的行动使廖观音名声大噪。

一时间，红灯教聚集了上万人的队伍，所过之处焚教堂，杀洋人，劫富济贫……

更让清廷大为震怒的是，廖观音两次率队深夜潜入成都市区，打劫之余又袭击总督府。

最后，清廷不得不在 9 月下旬调山西巡抚岑春煊率军入川镇压红灯教。同时，岑春煊取代前任奎俊成为新的四川总督。

1903 年 1 月 15 日，廖观音被斩首，死时年仅 17 岁。

1903 年底，锡良（1853—1917）调任四川总督。经过反复磋商，1905 年，教会获得清政府 1500 两黄金赔款。

启尔德等人用这笔钱修建了一座新的更大的医院。大楼于 1907 年夏开工，由加拿大建筑师苏继贤（Walter Small）负责完成。1913 年 1 月 30 日，医院正式投入使用，四层高楼气势恢宏、建筑精致，为成都近代建筑中的典范之一。

新建成的医院改名为"四川红十字福音医院"，拥有病床 120 张，医师 11 人，开设内科、外科和花柳科等。

开业那天，举办了隆重的庆典。四川军政要员、社会名流、外国公使等到场祝贺。医院也因为拥有先进的设备、强大的医生阵容而成为当时四川最好的医院。

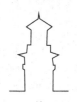

启尔德（后排右一）、谢道坚（后排左一）与同事们在成都华西协合大学

这是启尔德 20 年不懈努力的成果。

1914 年，华西协合大学成立医科后，四川红十字福音医院成为学生临床教学和实习的基地。后来，福音医院更名为仁济医院。

不久，启希贤负责的妇女儿童医院也扩建完成，拥有 52 张病床，成为四川最早的妇女儿童专科医院。

四

1905 年，清廷废除科举，新的教育制度还未产生。基督教各差会决定联合在四川的政治文化中心成都创办一所规模宏大、学科完备的高等学府，于是委任毕启（Joseph Beech）、启尔德、陶维新（R. T. Davidson）等人负责筹建。1910 年 3 月 11 日，学校正式开学。

由于该校是由英国、美国、加拿大三国基督教会的 5 个差会（美以美会、公谊会、英美会、浸礼会、圣公会）共同开办的，故名华西协合大学，当时成都人称"五洋学堂"。

1910年，启尔德所著的《治病救人》一书出版。他呼吁来中国的传教士用行动来表示爱心，强调医学更能减轻中国人的痛苦，延长和拯救他们的生命，能将爱直接体现在病人的身体上。同时，他认为接触中国人的最佳途径是办教育。

启尔德编写的《治病救人》一书
以当时四川总督锡良的照片做封面

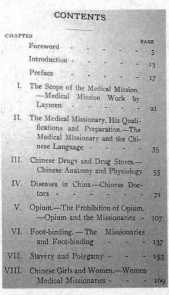

启尔德《治病救人》英文版目录

启尔德深知在当时中国权威的重要性，只有得到上层官员的支持，才能在中国生存发展。否则，四处碰壁，寸步难行。

为了有利于书籍的推广，启尔德在征得四川总督锡良同意后，用总督着官服的照片做封面。此举果然在社会上引起较大反响。

锡良（1853—1917）是同治十三年（1874）的进士，1903年底调任四川总督。在川期间他积极推行"新政"，不仅在当地设立各种学堂，还派大批学生赴日、美、法等国学习。他为官37年，是晚清时期一位政绩颇佳、贡献较大的历史人物。

华西协合大学建立后，启尔德不但担任学校董事会的第一任主

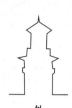

启尔德夫妇与他们的中文老师

席，还亲执教鞭，讲授生理学、眼科学和化学等课程。

他不但是一位教育家，也是一位语言学家。一口流利的四川话让他在与中国人沟通时得心应手。他发现很多外籍人士由于语言的阻碍，工作难以顺利展开。其实，来中国的传教士事前都进行过中文学习，到上海后又再次强化培训，但中国幅员辽阔，语言差异很大。仅就四川来说，有时隔一条河，同一个字发音都不同。于是，启尔德萌发了编一本四川方言中英文教材的想法，这既可以帮助来川的外籍人士，也可以教授川籍青年学习英语，还能让在四川出生的外籍孩子的中英文都达到较好的水平。

1917 年，这本以四川官话成都方言以及周边方言为标准的《华西第一年学生用中文教材》（*Chinese Lesson for First Year Students in West China*）由华西协合大学出版。当"换银圆""坐轿子""提灯笼送人""找老妈子"等表述出现时，百年前巴蜀大地上的日常生活画卷也似乎被打开。

"你叫啥子名字？"——What is your name？"今天走得拢吗，走不拢？"—— Can we get there or not？

当熟悉的四川"土话"与"洋气"的英语相遇时，百年前西洋人操一口四川话跟当地人交流的景象穿越而来。

启尔德编撰的《华西第一年学生用中文教材》

2015 年，启尔德的这本川话版中英文教材由四川人民出版社再版，名为《民国四川话英语教科书》。这是世界上唯一一部四川话本土英文课本，也从一个角度展现了中西文化的交融。

1911 年，四川保路运动和辛亥革命相继爆发，清军、革命军以及百姓伤亡都很重。启尔德以红十字会的名义，亲率医疗队奔赴火线，参与救助伤员。时值雨季，他们数月中只能赤足穿草鞋，走在泥

2015 年再版的《民国四川话英语教科书》

泞的战场上。启尔德用他广博的知识和精湛的医技救助伤员，其仁爱之心和人道主义精神感动了许许多多的人。

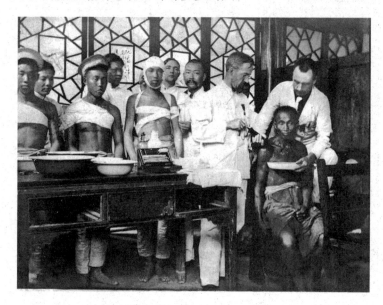

启尔德（第二排右二）救助参与辛亥革命的伤员

1919年，启尔德回加拿大休假，不幸染上肺炎，于1920年病故。

消息传到四川，受他惠泽的人莫不伤心难过，纷纷到祭祀孔子的文庙为他举办中国传统的祭奠仪式，以中国人的方式表达了对这位基督教徒的敬意，并为他在成都修建了衣冠冢，以示深切悼念！

正如孔孟所说，仁者爱人；爱人者，人恒爱之。

五

启真道（Leslie G. Kilborn）是启尔德与启希贤的长子，1895年4月7日出生在乐山白塔街，因为能讲一口流利的四川方言，从小就经常为父母以及父母的同事担任方言翻译。

启真道博士　　　　　　　　　启真道的第一任妻子启静卿

　　启真道极有语言天赋，成年后在华西协合大学任教，是一位坚持以汉语教学、卓有成就的教育家和医学专家。曾担任华西协合大学校长的莫尔思称赞他"是一位我们从未见过的经过最高专门训练的专家，他已能领导生理学的科学研究。他出生在中国，外籍教师中没有哪一位能像他那样讲一口地道的中国话"。

　　启真道在四川度过了愉快的童年，于 1907 年随母亲和妹妹返回加拿大上学，先后在多伦多大学主攻生理学、生化学，先后获得生理学硕士、医学博士学位。1921 年与同学 Janet McClure 结婚，妻子也是一位医学博士，婚后改中文名：启静卿。

　　同年 9 月，启真道与妻子，以及云从龙（Leslie Earl Willmott）、黄思礼（Lewis C. Walmsley）等人横跨太平洋到四川。他们是第二代加拿大志愿者，在中国开始了自己的传奇人生。

　　启真道拥有与父母一样出众的演讲口才，在华西协合大学除了教授生理学、药理学之外，还教授英语等科目，先后担任教授、医学院院长、牙医学院院长。

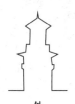

他最突出的贡献是生理学方面的研究和教学，不但对华西协合大学生理学有较大的贡献，对中国生理学界也产生了一定的影响。

1923 年为庆贺启真道（第三排右七）荣升合影

他经常说："没有伟大的献身精神不能学医，比如，病人最脏的排泄物，他的亲人都不愿意料理，医生却还要拿去津津有味地反复检查。"

启真道是一个意志坚强的人。1925 年他为救助军阀混战中的伤员，不幸被流弹打中肩膀，历时 4 个月才逐渐恢复，留下永久性的残疾。

1932 年，他深入贵州西部山区进行地方病调查，发现该区很多居民患有氟斑牙，还有不少驼背、腰腿关节疼痛、关节僵直、骨骼变形的人，而其中又以女性居多。这就是早期在中国确认的"氟骨症"（fluorosis of bone）病例。此后，直至 1960 年以后，我国才在山东、山西、河北、内蒙古、宁夏、陕西、天津、北京等地进行了大量有关氟骨症的流行病学调查，并确认中国北方地区发病情况与饮水中氟的含量密切相关。

启真道除担任院长职务和承担教学、科研任务外，还对中国西部少数民族展开调查研究工作，曾先后担任《社会学杂志》的编辑和主编。他对西部少数民族居民的基本生理指标的测定，为他的社会研究提供了丰富准确的第一手资料。

启真道的成就包含妻子的心血。启静卿的父亲曾担任齐鲁大学教授，弟弟在河南从事医学教育。婚后启静卿除了照顾家庭，辅佐丈夫外，还担任眼科医生，为医学院、牙学院的学生教授儿科学，以及医学英语。

1947年启静卿突发脑血栓病逝。华西协合大学以她的名字为图书馆命名，纪念这位杰出而有爱心的加拿大医生。

2015年10月，我在加拿大Kitchener一家高品质的养老院采访了启真道的长子Bob Kilborn。

启尔德的长孙（左二）讲述在中国的往事。右一为启尔德的外孙女，右二为张颖明先生，左一为作者

Bob Kilborn 退休前是加拿大皇家医院卓有成就的医生。他告诉我，他 1923 年出生在峨眉山新开寺。当时他的父母及许多加拿大人、美国人夏季都在那里避暑。

我问 Bob Kilborn 的中文名字，他略略思索了一下，拍着胸口用四川话答："我叫启大少爷！"

我忍不住笑起来，再次追问他的中文名字。他再次回答自己的名字就叫启大少爷，并说在中国时家里的仆人都这样称呼他。

说这话时，93 岁的老人眼里竟然洋溢着 9 岁孩子般的笑意。

他至今对在峨眉山坐滑竿，新开寺游泳，金顶看日出，以及从成都骑自行车去仁寿的往事记忆犹新。他说自己 18 岁离开中国，青春时的梦想都与中国有关。如今老了，很多刚发生的事转眼忘掉，可是童年的记忆却越来越清晰。

六

尽管 Marion Walker 已经 83 岁了，但依旧保持着美丽外貌与优雅气质。她，就是启尔德与启希贤的外孙女，中文名黄玛丽。

黄玛丽的父亲黄思礼（Lewis C. Walmsley）是启尔德的长女婿，一位卓越的教育家；母亲黄素芳（Conetance Kilborn）是启尔德在四川出生的第二个孩子，主修英文和历史，还热爱音乐和戏剧。

Marion Walker 是我在加拿大采访的老人中最讲究的一位，脂粉、口红、耳环、香水，一丝不苟，追求完美体现在各个细节中。

在陪我去采访她 93 岁表哥途中，她让我对她讲四川话，并尽量放慢语速，"就像对婴儿说话那样"，以期唤起儿时的记忆。

黄思礼　　　　　　　　　　　启尔德的长女黄素芳

作者与启尔德的外孙女黄玛丽

　　她说中文是她的第一语言，照顾她的保姆是她的第一位中文老师，她亲切地称作"李大娘"，一位缠小足的中国妇女。

　　黄玛丽的父亲黄思礼1897年出生于加拿大安大略省，在多伦多大学维多利亚学院学习期间，爱上了美丽动人、能歌善舞的Conetance Kilborn。

当黄思礼向 Conetance Kilborn 表白爱情时，对方回答自己要去中国，因为父母都在中国。黄思礼表示愿意追随，他也很希望去遥远的东方见识一番。

大学毕业后两人结为夫妻，并按中国随夫姓的习俗，Conetance Kilborn 取名黄素芳。1921 年秋，二人与启真道、云从龙等人一同前往中国。黄思礼最初的愿望是到华西协合大学任教。他对这所学校充满向往，曾经写道："让我们创建一所大学来满足需要。成都将成为中国广大内陆省份的高等教育前沿基地……"

1921 年黄思礼（左一）与云从龙（左二）启真道（左三）一同跨越大洋来到中国

可是，黄思礼没有想到被委派接任 CS 学校校长一职，预示着他将整天与一群叽叽喳喳的小孩子打交道。这多少让他有些失落。

"CS"是一所为解决外籍人士子女的学习而开办的学校，涵盖从幼儿园到高中全日制教育。"CS"是学校英文名 Canadian School（加拿大学校）的简写。

学校创办于 1909 年 3 月，最初只有 5 个学生，1918 年才从成都四圣祠北街迁至华西协合大学校园内。学校第一任校长因病返回加拿大后，校长职位空缺快一年了，急需一位能干的人接任。只有把子女教育问题解决好，才能解除大家的后顾之忧。

黄思礼是一个较真的人，一旦接手就会全身心投入。

抗日战争期间，为了躲避日机轰炸，CS学校一度搬迁到峨眉山新开寺，不久又迁往仁寿县城。当时在许多中国人的观念里，"万般皆下品，唯有读书高"，听说外国人来此办学，便带着好奇心前来观望。

黄玛丽展示母亲黄素芳（第三排中）组织孩子们戏剧表演的合影，后排左一为启真道长子 Bob Kilborn

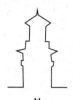

最初，一些人很不理解这位外国校长的行为，见他经常带一群孩子在田间小路上来回狂奔，大汗淋漓；在草坪上拍打网球，不断地跳来跳去。他们觉得让小孩子受罪了，忍不住问他："如果一定要把球从网的一边打到另一边去，为什么不雇苦力来拍打？"

而黄思礼认为培养学生的动手能力，比一味在课堂死读书更重要。

他针对当地的情况，开办了今天类似职业技术学校的课程，聘请老师教当地人养奶牛和种植蔬菜之类的技术。他与孩子们一起养鸡、养猪，还特地从加拿大运来钢琴。即使在最艰苦的日子里，音乐和戏剧也始终伴随孩子们成长。

黄玛丽回忆，当时仁寿没有电灯，父亲请木匠制作可以防风的油灯，可是中国木匠一头雾水，不知该如何做。黄思礼便亲自动手做了一盏，有点类似马灯，然后叫木匠仿照着做。

不仅如此，父亲还亲自动手缝衣服，以及制作古典戏剧服装，让孩子们穿上演出莎士比亚戏剧。这令身着长袍马褂的中国乡绅，以及赤足短衫的农夫大为惊讶，觉得黄思礼实在不像一个教书先生，更像一位能工巧匠！

黄玛丽回忆，在仁寿一个冬天的早上，她还在被窝里酣睡，父亲兴冲冲地跑进来说："下雪了！今天可以给你们做冰淇淋了！"

父亲带她和学生们到竹林里去收集竹叶上干净的雪。那时，孩子们都不知道冰淇淋是何物。看见父亲把洁白的雪拌上蜂蜜、果脯和牛奶，再分到每个孩子的小碗里，大家激动不已。

那是黄玛丽记忆中仁寿唯一一次下雪。成年后她吃过各种冰淇淋，无论是加拿大的，还是其他国家的，但是印象最深的还是父亲在仁寿做的冰淇淋。每次回忆起，她似乎还能闻到竹林里的气息。

黄玛丽回忆道，小时候总是对保姆李大娘尖尖的小鞋、小脚充满好奇，甚至偷偷穿过李大娘的小鞋。一天晚上，爸爸妈妈不在，李大娘哄她睡觉，她便央求李大娘把裹脚布打开让她看看到底是什么样子。李大娘说，解开裹脚布我的脚会很疼的。黄玛丽一听，顿时不再纠缠，她不愿意李大娘为她痛苦，李大娘是她最亲的人。

黄玛丽展示在成都生活的照片

黄玛丽说她的兄妹对中国都有深厚的情感。记得离开中国时哥哥一直在哭，那年哥哥已经 18 岁了。妈妈说回到自己的祖国难道你不该高兴吗？哥哥顶撞妈妈道：那是你的祖国，我的祖国是中国……

黄思礼从 1923 年接任 CS 学校，一直工作到 1948 年退休，是 CS 学校任职时间最长的校长兼老师，培养了大批优秀人才。其中就有第二任加拿大驻华大使苏约翰（John Small），以及 Bob Edmonds、文忠志（Stephen Endicott）、云达乐（Don Willmott）等。

至今活跃在 CS 聚会上的一些老人不少也是他的学生。回忆起这位校长，大家都说他既严肃又和蔼，教会他们许多书本上难以学到的知识与动手能力。

黄思礼的论文：《西方对中国国家教育的影响》

黄思礼还以《西方对中国国家教育的影响》一书完成自己的博士论文。这是他在数学、物理学外，另一个领域的成就。而一些人回忆黄思礼，觉得他更像一位艺术家。他特别心仪中国唐代诗人王维。仁寿乡间的山水，春天里灿烂的油菜花，秋天金黄的水稻，沿着小溪散步，看农夫用水牛犁田、插秧和收割，赶场与坐茶馆，这一切就是王维笔下幽静的山水与诗人恬适心情的再现。黄思礼感到与这位一千多年前的中国文人，有精神与心灵上的相通，于是他开始深入研究王维，1958 年与张英兰合著《王维的诗》，1968 年独立完成《田园诗人——王维》。他以一个西方人的眼光，诠释这位东方超然明哲的艺术家、思想家。

拥有艺术天赋的黄思礼，每年夏季都要带妻子和孩子到峨眉山避暑，并借此在山里写生，完成了大量峨眉山风景油画。在他的心灵深处，诗人王维的艺术境界是他永远的追求与向往。

他与妻子的艺术修养深深影响了下一代！

七

1893 年启希贤从加拿大抵达上海时，发现一个奇特的现象：中国妇女走路的姿态颇为奇怪。她以一个医生的职业眼光判断这些妇女不是先天畸形，就是有脚伤。可是随即又发现并非如她预料那样。难道大多数妇女患相同的疾病？启希贤疑惑不解。

当她得知那些妇女的走路姿势是从小缠足所致时，不由非常震惊！追问缠足的理由，得到的解释让启希贤完全无法理解——这种被摧残出的病态被认为是美！

启希贤在上海强化汉语培训期间，有幸认识了立德夫人（Archibald Little），一位英国著名商人的妻子。

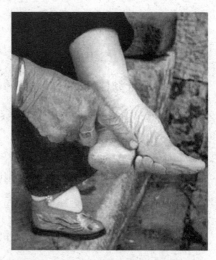

图为缠足造成的畸形小脚

立德夫妇

立德夫人（1845—1926）在华生活多年，经常陪丈夫行走于中国南方的通商口岸，熟悉中国国情，为中国妇女缠足深感痛惜。此时，她正四处演讲，组织成立"天足会"。

她对启希贤日后在四川推动的天足运动产生了很大影响，并先后写下《穿蓝色长袍的国度》《熟悉的中国》《李鸿章：他的生平和时代》等八部著作。

其中图文并茂的《穿蓝色长袍的国度》影响最大，成为后来研究晚清历史的重要资料之一。全书共 20 章，其中两章写反对缠足之行，一章写四川边远部落，一章写西部的反洋暴动，还写了传教士等。四川占据了相当的篇幅。

启希贤到四川后发现当地妇女缠足之风更盛，大部分妇女足不出户，幽闭在一个狭小的天地里，在社会上抛头露面的都是男性。

而当地男人对于妇女放足（让脚自然生长）一事嗤之以鼻。他们仗着山高皇帝远的地势，连清政府三令五申不得缠足的告示都不理不睬，哪里还听得进一个外国女人的话！

于是，启希贤倡导天足而组织的一次小型集会也受到百般阻挠，无法实现。但是启希贤不气馁，1896 年她在成都四圣祠附近的新巷子开设了一家只针对女性的诊所。

一个年轻的洋医生、一个会讲中国话的女郎中，她的紧身上衣、束腰大摆裙、凹凸有致的身材等，让罩在宽大袍子里的四川妇女惊叹不已，议论纷纷。

出于难以启齿的病痛，也有的出于好奇，慢慢地有人来到她的诊所，可一旦听说推行天足，都不接受。小时候饱受缠足痛苦的中国妇女，在对待女儿缠足的问题上绝不手软。

面对中国最古老、最顽固的陋习，启希贤举步维艰。于是她写信求助立德夫人，请她来四川帮助组建天足会。

立德夫人在书中写道："如果你还记得小时候第一次踏进冰冷的海水时的感觉，那么你就能体会到我现在动身去中国南方宣传反对裹足时的心情。"

立德夫人用自己的亲身体会告诉启希贤：在中国做事必须争取上层官员的支持。她曾经去找湖广总督张之洞，还请他为天足运动题字，展示给那些爱摆架子的中国官员和男人们看，效果非常好。她还通过女医生里奥诺拉（Leonora，1851—1932）拜见李鸿章。

里奥诺拉也是加拿大人，1876年获美国密歇根大学医学博士，1877年来中国。因为治好李鸿章夫人的重病，她不但成为李家的座上宾，还获得出入紫禁城的特权。

看在里奥诺拉的面上，李鸿章给立德夫人题写了扇面。虽然内容与反对缠足无关，但是每次天足集会上，立德夫人把李鸿章的题词展示出来都能收到意想不到的震慑效果。

里奥诺拉医生

受立德夫人的启发，在启希贤的努力下，四川天足会在成都成立了，但是响应者寥寥无几。

启希贤又想以年会的方式邀请成都一些上层人士和女眷参加，可有中国友人好心提醒她：你要想让那些有权有势的人，或者他们的家眷来听你谈女人的脚，那些趾高气扬的官员非但不会理睬，弄不好反而得不偿失！

那时，成都教案刚平息不久，排外风气依旧不减。启希贤不得不重新思考此事。封建中国等级森严，权贵、商贾和手工业者、农民家庭的妇女根本不在一个层面上。

她在行医中发现很多农民家庭、手工业者家庭的妇女并不缠足，因为这些家庭需要妇女参加生产活动。而权贵和富商家庭不需要女儿参与劳动，有条件和需求让女儿缠足，并希望借此让女儿攀龙附凤，实现政治或者经济联姻。

成都是巴蜀政治经济文化中心，权贵们集中的地方，所以她的提议遭到冷遇。

在反复考量之后，启希贤与立德夫人商议，决定选择到嘉定召开第一届四川天足年会。嘉定具有多方面的有利因素：一是水陆要冲，流动人口多，官宦之气相对弱一些；二是商业繁荣，风气更为开放；三是兼容性较强，儒释道三教和谐相处，教案发生率相对较低。

天足会在嘉定府举办的第一届年会。后排右二为启希贤，后排左一为立德夫人

事实证明启希贤的这个选择是正确的。在嘉定召开的第一届天足年会尽管参加者不多，但还是有几位官员眷属和女儿前来参加。这是一个良好的开端。

立德夫人接受启希贤的邀请前来参加大会。当她再一次展示自己的尚方宝剑——李鸿章的字之后，与会者受到了震慑，并在会后广为宣传。

启希贤在会上担任翻译，并从医学的角度讲解肢体残缺、体弱多病的母亲对后代造成的不良后果。

这次嘉定召开的第一届四川天足年会，取得了意想不到的效果，引起了社会的广泛关注。

1903年锡良继任四川总督后，启希贤再次积极推进。锡良下令，通知各县刊发劝禁男子吸烟、妇女缠脚的通俗告示，规定"遍贴城乡市镇"。

当年四月初八，成都文殊院举办了一场别开生面的"放足会"，乘车坐轿来的一百多位缠足妇女，到会放开缠足布，将小脚纳入事先做好的大鞋中。因为担心足小鞋大，还用事先准备好的棉布和棉花将鞋塞紧。这些妇女大步走出，展示从肉体到精神获得解放的快乐。

次年，成都"天足会"在玉龙街成立，不少官宦家庭的妇女到会。启希贤再次登台演讲，大会开得轰轰烈烈，给封闭的古城吹来破除恶俗的春风。

一些女学生和开明之家的女子，逐步兴起放脚新风。以后，四川各州县陆续成立天足会，缠足的陋习逐步消失。

八

如果说启尔德是四川近代医学的开拓者，那么，高举启家旗帜前赴后继者则多为女性。她们在四川留下一串串闪光的足迹。

启希贤 1893 年来四川，与启尔德结婚后一同被派到嘉定。最初她的汉语还不流畅时，只能与丈夫一起诊治病人。当她能独自与当地人交流时，就尝试开始男女分室就医，以适应"男女授受不亲"的习俗。遇到需要手术的病人，夫妻就共同配合。

1896 年，启希贤在成都四圣祠附近的新巷子开设了只针对女性的诊所。6 年后诊所迁到惜字宫南街，更名为仁济女医院，是四川最早的妇女专科医院。

1914 年华西协合大学医科建立后，启希贤还兼任医学院的教学工作，并竭力鼓动校方招收女生。

通过 10 年的努力，1924 年 9 月，8 名中国女子成为该校第一批男女同校的大学生。那时，这几名女学生的身后经常跟着面容严肃的外籍女管理员，或者中国佣人，构成华西坝一道奇特的景观。5 年后，五年制的 5 名学生中 4 名获得教育学士学位，1 名获得文学学士学位。

后来成为我国著名妇科专家的乐以成，就是当时华西协合大学的第一位女医学博士。

1919 年，启希贤夫妇回国休假，启尔德不幸染病，于 1920 年去世，她本可以就此留在加拿大，但是她依然选择返回四川。这时她的传教士身份才得到恢复，也才有了全额津贴。

启希贤一直工作到近 70 岁才退休回国，1942 年 12 月 1 日在多伦多逝世，享年 79 岁。

启希贤长子启真道的第一任妻子启静卿也是一位医生，除担任眼科医生外，还为华西医学院、牙学院的学生教授儿科学、医学英语。其父亲曾经在中国齐鲁大学担任教授，弟弟在河南从事医学教育。

启静卿 1947 年突发脑血栓病逝，为纪念这位杰出而有爱心的加拿大医生，华西协合大学以启静卿的名字为图书馆命名。

启真道的第二任妻子 Jean E. Millar Kilborn 是一位医学博士。她本是受加拿大联合教会女子志愿队派遣，来到四川接替启希贤的工作，从事儿科教学的。然而，她刚一到任就受到严峻的考验。当时四川军阀混战不休，她经常被指派去救助受伤的军人和百姓。

一天，她冒着流弹的威胁，翻越无数作战掩体来到加拿大教会妇女儿

启真道第二任妻子

童医院，正要为一个病人做手术，忽然猛烈的枪炮声传来。医院里顿时一片慌乱，有人主张放弃病人赶紧逃走，但是 Jean 坚持要留下来抢救病人，她在周围不断爆炸的炮弹声中镇定自若地完成手术，挽救了这位伤员的生命。

Jean 的勇敢精神深深打动了启真道。不久，他们结为志同道合的伴侣。1952 年，启真道与妻子 Jean 离开四川，受聘担任香港大学医学院院长。

启希贤的小女儿启智明（Cora Alfretta Kilborn）1899 年出生在成都，1920 年毕业于加拿大多伦多大学维多利亚学院，1926 年返回

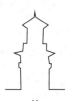

启尔德的小女儿启智明

启尔德的长外孙女玛丽

中国，在成都仁济女医院负责医学和护理学的教学工作。她一生未婚，医学事业是她最好的伴侣。

启希贤的长孙女 Mary Eleanor Kilborn，1924 年出生在成都，成年后在加拿大多伦多大学攻读护理专业，继而又在蒙特利尔大学护理专业攻读研究生课程，成为一名注册护士。1949 年，她与父亲启真道一起返回成都，担任华西协合大学护理教学工作，直至 1951 年才离开。

启希贤的长女黄素芳在 CS 学校任教，除教授英文和历史外，还时常指导学生排演话剧和歌剧。在她培养的学生中，后来有不少人从事医学事业。

启氏一门三代接力棒似的在四川工作七十多年，完成了他们不朽的历史使命！如今在加拿大的后人已是第四代、第五代，即便年长者已不能承受长途颠簸来中国，年轻的尚未到过中国，但是只要说起中国、四川、嘉定，他们就会无限眷恋……

第三章　文幼章家族的嘉定情怀

一

文焕章

文焕章（James Endicott Sr.，1865—1954）是其家族第一个来中国嘉定的人，其后一家三代都与乐山有着特殊的渊源。位于乐山城白塔街 72 号的文幼章故居，是文焕章及第二个孩子文幼章在嘉定多年的居所，也是目前唯一被列为乐山重点文物保护单位的西方人故居。

文焕章是英国德文郡人。父亲是为庄园主人割牧草的农夫，非常艰难地抚养 11 个孩子。文焕章 17 岁那年，不想重复父亲那种贫困卑微的生活方式，毅然离开英国到加拿大投奔大哥，做了一名油漆工人。

文焕章虽然一无所有，却有一副天生的好嗓子。一天在街上集会时唱歌，他那洪亮的男中音吸引了一个活泼开朗的爱尔兰女子萨拉。

萨拉热情地邀请他参加卫理公会的唱诗班，他欣然接受。这次巧遇，不但缘定终身，也决定了文焕章未来的生活道路。

1893年从哲学系毕业的文焕章，虽然获得金质奖章，但并没有继续读书深造。不安于现状，渴望充满挑战生活的文焕章决定去遥远的中国传教。在文焕章与萨拉结婚两周后，二人便一同踏上去中国的遥远行程。萨拉婚后随夫姓，取中文名：文萨拉。

1895年文焕章与文萨拉到达嘉定。三年前到达四川，此刻正在嘉定西医诊所工作的启尔德来码头迎接，并为他们在白塔街安排好住所。可是他们到嘉定还没有缓过气来，就遇上麻烦。不断有人往他们住的院子里扔石子和垃圾，并擂着大门喊道："打倒洋狗！杀死吃娃娃的大鼻子！"他们对中国的局势所知不多，感到非常不安。

清朝末年，国力衰弱，社会矛盾越发尖锐，外国商品、外国资本以及先进的生产方式进入中国，对中国本土手工业带来巨大冲击，造成工场主破产、手工业者失业、农民失地，等等，不断引发各种纠纷和冲突。

朝廷为了转移矛盾，对原来严厉打击的红灯教、义和团采取暗中纵容和扶持的态度。义和团口号也由"反清复明"，逐步变为"扶清灭洋"，于是传教士和教会所办的机构便成为义和团首先打击的对象。

据文献记载，1895—1913年期间，四川发生的各类教案居全国之冠，共计22起，其中21起发生在清末。而当局又将教案赔款以各种方式转嫁给百姓，于是更加激化了矛盾。

面对动荡不安的局势，时任县长担心出事难辞其咎，于是带信让外国人尽快离开。当时的情势是：百姓怕官，官怕洋人，洋人怕百姓。

文焕章夫妇与在嘉定的外国人商议后，决定第二天离开嘉定前往上海。哪知第二天一早到码头，发现不少人聚在岸边，神情极不友善。文焕章担心妻子和刚出生不久的大女儿遭遇不测，赶紧拿出从家乡带来的双筒猎枪。

船夫与西方人彼此好奇打量（云达乐提供）

所幸这些人只是冷言冷语嘲讽，并没有太为难他们。木船行驶到江心，他们看见嘉定城上空浓烟滚滚，火光的中心正是他们居住的白塔街。

文焕章夫妇与孩子们。后排中为文幼章

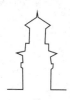

清末白塔街，白塔矗立山顶，半圆形窗户的房屋是教堂，后面是文焕章一家的住所

在那场大火中，教堂、诊所、住宅全部被毁。这无疑给满腔热情来到中国的文焕章当头一棒。

后来文忠志（文焕章之孙）在书中这样描写他爷爷当时的状况："又踏上令人沮丧的迢迢两千英里旅程。"他们几天前才经历漫长颠簸从上海到四川，现在不得不落荒而逃，重复令人疲倦的旅程返回上海。

1896年"成都教案"平息后，文焕章夫妇再次来到乐山，手拿尚方宝剑——新任四川总督令乐山县衙赔偿"嘉定教案"中被损毁财物的文书。

县令看到顶头上司的文书不敢怠慢，立刻支付了一笔银子。文焕章便用这笔钱购买了位于白塔街九狮堂的土地，然后修建了一座教堂、一所药房和一所学校，并为准备开办的医院购买地皮。

教堂至今还在。学校取名进德小学。药房后来改为妇女学校，再后来更名为进德幼儿园，以后又一次更名为白塔街幼儿园。

文焕章从此在嘉定扎下了根，工作生活了多年。

文焕章个性张扬，精力充沛，具有锲而不舍的精神。如果说高个子、眼镜、红色的络腮胡子已经很吸引眼球，那么，他在街上大声用中文唱歌、朗诵《圣经》，更是引来一大堆人围观。人们甚至跟随他到白塔街教堂看热闹，有时人太多以致造成了白塔街交通拥堵。

人们背后都称呼他"红胡子"。后来文焕章的孩子不时偷偷跑到嘉定教文馆去玩，一是可以蹭可口的中国饭菜，二是教文馆里的印刷工人也很喜欢文家的洋娃娃，讲故事，教方言，逗乐子，孩子们很开心。

每当文焕章远远出现时，工人就提示："红胡子来了！"于是孩子们赶紧逃走，躲过父亲的惩罚。

文焕章整天忙于工作，和孩子待在一起的时间很少。他的精力都放在修建教堂、学校和医院上。虽然启尔德夫妇已经在嘉定开设了西医诊所，但是还不被大多数人接受，甚至遭到排斥和抵制，"西药是用小孩的眼睛和肝脏做成的""外国人在嘉定就会天干（天旱）"等传言不绝于耳。为了让乐山人了解西医，文焕章与同事经常在赶场的日子，到嘉定附近苏稽、水口、沙湾等集镇地摆摊，并写上简单明了的汉语广告："来就好，马上好。"有时还吹唢呐，或者敲川剧铜锣吸引人。围观的百姓称之为"卖洋打药的"，把他们当成"西洋把戏"看热闹。

传说文焕章曾经免费将西药送给病人，但是对方开始并不接受，说便宜无好货，好货不便宜，不要钱的东西后面必定有害人的"坑儿"（陷阱）。

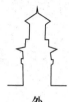

文焕章做好长期留在嘉定的打算，并在赫斐秋的鼓动下，为在峨眉山开辟夏季避暑之地做准备。

赫斐秋这一想法源自庐山牯岭。那时他在九江工作，每年夏季都会到庐山避暑。他一直想在荒僻的庐山上买地建房，可是清政府对西洋人在中国买卖土地控制严格，难以实施。如今他想把庐山的梦想在峨眉山实现。

1887年赫斐秋去峨眉山时，已经与一个寺院的住持成为朋友，现在他需要有人一起去实施这个计划。于是，赫斐秋、文焕章、启尔德等成为最早在峨眉修建别墅的外国人。

很多年后，新开寺成为西方人士在四川的避暑胜地。据资料记载，西洋人与峨眉山僧人签订为期99年的租地合同，之后修筑了72幢别墅、3个球场、1个游泳池，另外还建有教堂、学校、商店、诊所、邮政所和银行分理处等，形成一个相对完善的社区。

当地老人回忆，抗日战争期间，蒋介石以及盟军的一些高级官员都曾到新开寺居住。

而几乎在同一时间，一个年仅22岁的英国传教士李德立，花费10年的时间，用各种方式终于以极低的价格在庐山长冲谷一带租下4500亩土地，租期999年。他们将这一大块土地再分成200多块，以"Cooling"之名（汉语意思是"清凉"，"牯岭"为音译），在上海、武汉等地出售。

由于来华的西方人士逐年增多，而长江下游夏季酷热难耐，加上瘟疫横行，许多在华的西方人都希望有一个避暑胜地。于是李德立的庐山避暑区一推出，立马受到青睐。英、德、美、俄、意、葡等20多个国家的侨民纷至沓来，在庐山大兴土木，一座座风格各异的西洋别墅拔地而起。

那时，峨眉山新开寺与庐山牯岭，是长江上游与下游夏季外籍人士聚集最多的地方。遗憾的是牯岭如今依旧是避暑佳处，而峨眉山新开寺别墅已是一片废墟。

2015 年我采访文焕章孙子文忠志时，他老人家向我展示了保存多年的新开寺别墅区的照片，还有一份新开寺别墅区示意图。图中有 42 个阿拉伯数字，分别是 42 个来四川的加拿大家庭别墅的编号。文家当时是第 30 号。

Endicottage

{the Elson's owned it as} Xinkaishi, Omei, when the Elson's owned it as {No. 3} The Endicotts bought it in 1935 and had a second floor {} that winter.

文家在新开寺的别墅（1935 年拍摄）

文忠志告诉我，2012 年他来到乐山时，还特地请峨眉山市罗目镇的两个农民带路去峨眉山新开寺，并在祖父房屋的遗址上搭起帐篷住了一宿，以缅怀祖父、父亲，并追寻自己儿时的记忆。

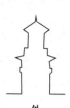

文忠志重返新开寺并在文家别墅遗址上搭帐篷居住一夜

二

第一次听说文幼章这个名字是 1975 年，当时我正上中学。一天早上班主任跨进教室，语气严肃地通知大家：下午有领导来学校做重要形势报告。"重要"二字还特别加重语气，神情与往昔不同。那时候形势报告经常有，如此状态却是第一次，大家忍不住猜测起来。

下午礼堂讲台正中出现了一个领导模样的男人，满脸严肃凝

文幼章

重的表情。有同学私下嘀咕此人是便衣公安。说这话同学的爸爸就在公安局工作，于是大家深信不疑，更感到今天的形势报告非同一般。

"便衣公安"很快言归正传，告知大家一个叫文幼章的加拿大人近日将访问乐山，这是1950年以后第一个正式访问乐山的外国人，大家务必认真对待云云。

"便衣公安"对文幼章的身世三言两语带过，却对文幼章来后的注意事项讲了一大堆，要点是要统一口径，万一相遇该如此这般应答，等等。

那时候我们熟悉的友邦只有两个：一个是阿尔巴尼亚，称"欧洲的一盏明灯"；另一个是越南，称"同志加兄弟"；其余不是"修"，就是"帝"，再不就是其追随者。"防修反修""打倒帝国主义"充斥于耳，中学生们对外邦人士自然多持偏见。

文幼章1975年重返位于乐山城的白塔街故居

这个非友邦来访者何许人也？为什么取中国名字？又为什么会如此兴师动众？

得知文幼章曾经居住在白塔街，我和几个要好的同学架不住好奇心的驱使，悄悄相约去白塔街，希望好奇心能得到一点满足。

去了才知道，故居一部分是白塔街幼儿园，一部分成了专区医院（现在的乐山市人民医院）的传染病科。幼儿园一眼望穿，毫无新奇可言。而传染科却让大家望而却步，十分有限的医学常识提醒我们传染病是可怕的！

结果是满怀好奇去，一头雾水回。最终，我们连文幼章的影子也没见到，更别说回答问题了。

不过此番经历使文幼章在我的心目中留下很深的印象，尽管对他的身世一无所知。

文幼章再次被作为重要记忆标志提起是在 2006 年 8 月，原国家交通部副部长刘锷先生偕夫人来乐山，欲寻找儿时的足迹，尤其是他与弟弟就读过的幼儿园。

原来抗日战争爆发后，平、津、沪、宁相继沦陷，武汉危在旦夕。1938 年武汉大学不得不内迁乐山。刘锷的父亲当时在武汉大学理学院物理系任教，于是年仅 1 岁的刘锷便随父母辗转来到乐山，并在乐山度过了 8 年难忘的时光。

可是刘锷忘记了幼儿园所在位置，只依稀记得幼儿园旁边有一座教堂。幼儿园好像是浸礼会办的，管理与教学很好，孩子们在幼儿园用餐，有时还发糖果，学费和杂费大约是每人 1~1.5 个大洋。当时不少武汉大学教职工将孩子送到该幼儿园就读，幼儿园不得不扩班。

可是乐山现在有几座教堂，到底是哪一座？大伙儿犯难了，更何况建筑大多容颜更改，旧

1975 年文幼章在故居（白塔街幼儿园）为两位幼儿园教师拍的照片

迹难寻。8 月的乐山骄阳似火，气候闷热，正当大伙儿走得汗流浃背时，刘锷先生忽然说："我想起来了，幼儿园旁边是文幼章的家！"

文幼章故居，这是少年时代给他留下深刻记忆的地方。寻找的目标一下清晰明了。车刚拐进白塔街，刘锷先生远远就激动起来，招呼车停下，走出去，指着前方一个房舍说："那是教堂的屋顶。我小时候天天牵弟弟来这儿上幼儿园，每次很远就看到这个教堂的屋顶……"

文幼章故居一角

刘锷拿起照相机不断拍摄，说自己的弟弟 1941 年生于乐山，可惜现在已经不在世了，否则真想与弟弟一同再来一次当年的幼儿园。还说，白塔街容颜已改，唯一能看到的旧迹就是教堂屋顶，以及文幼章故居的大门。

刘锷一家当时住在月呀塘旁一栋青砖灰瓦木结构的老式民居院内，每天与弟弟上幼儿园都要穿过金华巷、县街，走过文幼章家的大门，所以记忆深刻。

文幼章（James Gareth Endicott），1898 年出生在嘉定城区白塔街，他与他的子女们与嘉定特殊的缘分与情感，由此便开始了。

文幼章在乐山、成都、仁寿、重庆度过愉快的童年，1910 年随父母回国度假，不料假期结束时小妹妹病重，全家只好暂时留在加拿大。不久，文幼章的父亲文焕章被教会任命为海外传教部总干事，这也就决定了他不能再返回中国。于是全家定居多伦多。

文焕章薪金不高，为了贴补家用，文幼章辍学到一个兵工厂打工，每天工作 12 个小时，劳动强度非常大，累得筋疲力尽。这让文幼章感觉自己不是人，只是机器上一个齿轮。后来，他组织大家与工头谈判，想减少工作时

文幼章（左）与弟弟

间，或者增加劳动待遇，不料事后被人偷袭，打掉一颗门牙。这是他关于资产阶级与无产阶级斗争的最初的切身感受。

文幼章精力过人，他那招人喜欢、令人烦恼、叛逆大胆、受人争议的性格在青少年时期就显露出来，以致后来有"中国人民的友好使者""加拿大头号公敌"这两种截然不同的称谓。

18 岁的文幼章参军 1 年后被派到法国服役。不久第一次世界大战爆发，战争的恐怖血腥以及粗暴的军营生活彻底打破了他对军人的幻想，也动摇了他对大英帝国自我标榜的仁爱与正义的信任。他思想上有许多疑惑和渴求。战争结束后他进入维多利亚大学学习，希望像父亲一样做一名牧师，回到童年生活过的中国传播爱的精神。这时，一个女子的出现促成了他的愿望。

女子叫玛丽，比文幼章大两岁。其父查尔斯·奥斯丁是个富裕的实业家，拥有肯特郡最大的百货店，1910 年当选过查塔姆市的市长。他家是当地的社交中心。玛丽身边有不少青年才俊追求者，

但她一直想去海外传教开阔视野，尤其钟情于东方的中国、日本、印度。于是当她参加北美国外传教士会议与文幼章相遇时，二人彼此倾心。

可是，他们的相爱遭到亲戚朋友们的极力反对，原因是文幼章在大学期间与一名叫尼娜的女子相爱，尼娜为此不惜毁掉原来的婚约准备嫁给文幼章。文幼章的父亲甚至愤怒地对儿子咆哮："你专门给家里找麻烦！这种事如果有了五六次，就会有人请你吃颗子弹……"

可是玛丽的父亲却意外支持这桩婚姻，他对这个贫困、没有地位的年轻牧师颇有好感。而文焕章在得知儿子准备结婚后去中国时也改变了态度。

经历一番波折后，文幼章于 1925 年 6 月与玛丽结婚。婚后不久他们就踏上来中国的行程。文幼章为妻子取了个中国韵味十足的名字——月华，意思是"月亮的光辉"，并按中国习惯在名前加了自己的中文姓，叫文月华。

相传文幼章乘船从上海到重庆，还没有上岸，几个年轻男子就在码头上高喊"打倒洋人！"，并举起木棒恐吓，不许他们上岸。

文幼章与妻子的结婚照

文幼章并不慌张，扯起嗓子说："发啥子疯哦，疯儿洞！①"

在码头揽生意的搬运工，见一个外国人讲如此地道的方言，顿时乐了，模仿文幼章的口吻对码头上几个年轻人吆喝道："发啥子疯哦，疯儿洞——"

码头上来往的人都笑起来。文幼章又调侃道："养不教，父之过。"这下那些搬运工更开心了，也跟着大声说："养不教，父之过。"码头上几个年轻人也忍不住笑起来。敌意在笑声中消除。

几个搬运工走近文幼章问："老板，你中国话咋说得那么好?! 你要去哪里? 我们只收半价。"

"那咋要得? 工钱一分不少，我再给你们一点茶水钱。"文幼章就是这样，常常以一口流利随和的四川话，加上他特有的亲和力，使与他交往的上至各界要人，下至贩夫走卒倍感亲切。

其实，这些关于文幼章语言天赋的传说有时间顺序上的差异。不过在重庆期间文幼章确实在中文方面下了很大功夫，甚至请了一位不会英文的家庭中文教师，强迫自己尽快恢复儿时的中文能力。

就像一粒种子遇到阳光雨露，文幼章的语言才华迅速展现出来。正如后来郭沫若对他的评价："文幼章是能把中文讲得与中国人毫无二致的仅有的几个外国人之一。"

玛丽的父亲担心女儿在中国受苦，倾其所能置办了三十多个箱包的生活用品，其中包括三间卧室的全套家具、一间餐室的全套设备，还有一台海茵茨曼的大钢琴等。仅运费就花去文幼章半年的预支薪水。这位岳父以后在文幼章返回加拿大落难受穷的日子里，依然全力帮助女婿一家。

① 方言，意思是有点神经兮兮的。

在中国生活日久，随着对中国的了解增多，文幼章对中国的同情越来越多。可是这与他的职业相矛盾。第一次世界大战使他对大英帝国产生了怀疑，而现实中加拿大又离不开英国的保护，他陷入了难以解脱的烦恼中。

可是还没有容他多想，1926 年"万县事件"便引发了一浪高过一浪的反对帝国主义的游行示威，大约有 7000 名传教士不得不逃离中国内陆。文幼章夫妇也在其中。

文幼章故居保留的壁炉

事后才得知，坚持留在成都的外国人仅有 5 人，其中一个是建筑工程师苏继贤（Walker Small），还有一个是丁克生博士（Frank Dickinson）。

加拿大出版的文幼章传记

逃离中国的 7000 多人中，大部分人选择回国，再也没有返回中国。而文幼章夫妇在流亡上海一年多的时间里，目睹了一系列悲剧。用他的话说："我在多伦多大学学过历史和哲学，可是结果是就在我眼皮下发生的中国革命，我并不能理解，既不明白它发生的原因，也不知道如何评价它的历史意义……"

文幼章思来想去，最终决定让妻子先带刚出生的二儿子文忠志回加拿大，自己独自返回四川。以后在中国的众多授课与演讲，包括到监狱给共产党员教英语等经历，给了他极大的刺激与震撼！共产党帮助穷人的愿望在他心中引起共鸣，这促使他后来转向帮助和支持中国共产党。

有语言天赋的文幼章对中国的另一个贡献是改革英语教学。他编撰的《英语直接教学法》课本，不但被重庆大学英文系采用，还大量出版。他与迈克尔·威斯特合编的《新法英语词典》，从出版到 1976 年共计印刷了 40 余次，印量达数百万册。

也正是通过英语教学，文幼章结识了许多教育界名人乃至中国官员，越来越多地走上中国政治舞台。

1939 年 9 月，日本侵略军的飞机轰炸泸州，居民伤亡惨重。文幼章立刻组织了一支 10 人组成的医疗队前往，忘我地进行救死扶伤工作。他还用自己募集到的 1000 元钱，设立临时施粥处，每天上午、下午向难民施粥。

文幼章为士兵作抗日演讲

同时，他还多次到当时的第一、二、三重伤医院视察、慰问。事后，有人在回忆录中写道：文先生的中国话讲得清晰流畅，带乐山地方口音。

1940年，文幼章曾出任蒋介石的政治顾问，但后来感到国民党腐败，便毅然辞去职务。在他看来，同情怜悯穷人的基督教应当站在共产党的一边。这使他与教会的关系越来越紧张，他甚至在公开场合演讲，支持中国革命。

蒋介石给文幼章颁发的新生活运动顾问证书

为此，他受到驱逐出境的恐吓，并被攻击为"英国叛徒""苏联间谍"等。文幼章还受到教会内部一些人的指责，他们认为基督徒应该传播社会福音，而不应主动参与政治活动。

1947年，文幼章递交了辞呈，离开成都。他只收拾了一箱子妻子珍视的物品。这是20年前岳父一船嫁妆最后的剩余物。

就在文幼章顺江而下去上海的途中，他在南京见到了周恩来、董必武、李先念等中共领导人。这次会面让文幼章决定留在上海，并创办了英文刊物《上海新闻通讯报》（*Shanghai Newsletter*），面向西方发行，宣传中国共产党的主张，反对蒋介石政府的独裁和腐败行径。

多年后，时任外交部部长的乔冠华提到这份报纸时说："它对我们有极大的价值……它让我们和许多有影响的机构取得了联系，并争取了许多新的外国朋友……在这场斗争中，文幼章是我们的战友。"

当整个华北平原枪声日趋紧密，内战形势日益紧张时，出于安全考虑，共产党以及国民党内部的朋友都劝文幼章夫妇尽快离开中国。1947年6月19日，他们离开了深深眷恋、生活了22年的中国，这一天正好是他们的结婚纪念日，他俩悲喜交集。

抗美援朝战争期间文幼章到朝鲜调查美军细菌战情况

回到故乡，文幼章依旧致力于世界和平友好事业。1949年，文幼章出任加拿大世界和平大会主席一职。1951年，他率团在朝鲜实地调查，写出了《我的控诉》，谴责美国在朝鲜战争中使用细菌武器，并预言中国共产党才是中国的真正未来。结果此事冒犯了当时的加拿大政府，他受到了联合教会的非难，被扣上"头号公敌"的帽子，于是他只好辞去教会职务。直到1982年，加拿大联合教会第29届理事大会才正式就该教会给予文幼章的伤害致歉，并表彰了他为世界和平和正义事业所做的伟大贡献和不屈不挠的英勇行为。

为纪念文幼章先生立下的不朽功勋，中国人民对外友好协会在1965年授予他"人民友好使者"称号。这是中国政府给予外国朋友的最高荣誉。

1983年，文幼章85岁时最后一次访华，前往成都、乐山、峨眉、重庆等地参观。他说："我爱我的第二故乡中国！我由衷地为她的发展进步感到高兴。"

1993年11月27日，95岁的文幼章在加拿大去世。家人按照他生前的遗嘱，将他的部分骨灰带到乐山并抛撒到大渡河。乐山市人民政府为他举行了隆重的追悼会，并派人陪伴其亲属泛舟大渡河，实现文幼章返回故乡的愿望。

乐山市人民政府为文幼章举行的骨灰安放仪式

文忠志（左站立者）按父亲生前的愿望将文幼章的骨灰带回乐山撒入大渡河

三

　　文忠志（Stephen Endicott）是文幼章的第二个儿子，也是他四个子女中最忠实的精神传承人。

　　"万县事件"后，文幼章夫妇一路惊心动魄地逃到上海。1928 年，文忠志在上海出生。

　　也许是动荡年代留下的痕迹，也许是文家的遗传，如今 87 岁的文忠志依然保持犀利善辩的说话风格。在对

文忠志

他的采访中，我时时能感受他对革命的激情。他的家里保存了许多关于中国的中英文书籍、中式家具，甚至还有"文化大革命"时期的招

文忠志著《出自中国的叛逆者——文幼章传》

贴画等。他的思想和热情的聚焦点与其父亲一样，都是中国。

除此之外，他还是毛泽东的忠实信徒，每每有亲戚或朋友到成都，他总是让他们到天府广场，为他拍摄各个角度的毛泽东塑像。有时他还会忽然问中国朋友：你读过毛主席的书吗？

一次，他到四川也这样问一位年轻的官员，那官员随口搪塞说自己读过。哪知老人穷追不舍，问他读过哪一篇，并请他背诵一段。官员被逼到墙角，只得老实回答自己的父亲曾天天读，自己因为没有生在那个年代，所知甚少。

我对他的采访结束后，他问得最多的是乐山城区白塔街的文幼章故居保护问题。

他告诉我，在加拿大温哥华的国家档案馆里有 29 卷关于父亲的资料，而在多伦多维多利亚大学、联合教会档案馆等，也保存大量与父亲相关的文献。如果乐山文幼章故居修缮并对外开放，或者开设文幼章纪念馆，他愿意把相关资料捐赠给乐山，甚至包括文幼章遗物、手稿等。

我们由故居谈到曾经的白塔，以及"白塔魔咒"。他幽默地告诉我，尽管祖父、父亲在白塔的阴影下依然生了儿子，而他却不幸被"白塔魔咒"言中，四个孩子都是女儿。陪坐在文忠志身边的长女玛丽闻言忍不住哈哈大笑。

作者与文忠志先生在书房

　　玛丽已被父亲指定为自己著作的继承人。我们谈话时，她一直在一旁记录，并不时拿出与乐山相关的照片、书籍和信件。

作者（左）采访文忠志（右）并赠送书法作品

玛丽的丈夫是当地木工工会的一名律师，高大帅气，讲起话来一板一眼，有时还带一点火药味，颇有点像电影里20世纪三四十年代聚会上演讲的革命者。

文忠志的四个女儿并没有遵循北美的传统，出嫁后随夫姓，而是一直保持娘家的姓氏。在她们看来，祖父文幼章一生波澜壮阔，跌宕起伏，曾先后担任中国国民党、中国共产党的顾问，尽管在加拿大受到一些争议，但文家后代视其为骄傲。因为祖父不墨守成规，有献身精神，勇敢无畏，同情穷人。

文忠志的小别墅四壁挂着已故妻子文丽纳的绘画作品。她的作品中最令我难忘的是乐山大佛。在她的笔下大佛面带慈祥的微笑俯瞰众生，与我看到的许多高大雄伟庄严的大佛画像相比，更多一份贴近人间的亲切之感。另一幅描绘白塔街文幼章故居一隅，但见花木扶疏，户牖之美。

文忠志妻子文丽纳画笔下的文幼章故居

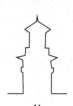

文忠志妻子文丽纳画笔下的乐山大佛

文忠志退休前是加拿大约克大学教授，历史学家和汉学家。在 1980 年和 1988 年，他两度到四川大学外文系任教。他有两本著作在中国影响较大：一本是父亲的传记《出自中国的叛逆者——文幼章传》，另一本是《红土地——中国四川村庄的革命》。

从两本书中，不难看出文家三代人的激进思想。不过，最突出的是《红土地》一书。那时中国刚实行改革开放，不但工作重心转移到经济建设上，农村也实行包产到户。面对海外褒贬不一的各种评论，长期关注中国而又远在加拿大的文幼章，为了弄清事情真相，叫儿子深入四川农村调查。

于是在四川大学任教的文忠志深入四川什邡两路口乡（今两路口镇），并在马高桥村驻点采访农民，最终完成了这部四川农村生活调查著作。

书中详细描述了他所理解的 20 世纪 50 年代末到 80 年代初两路口实行"人民公社"制度使农村发生的巨大变化。文忠志写道：

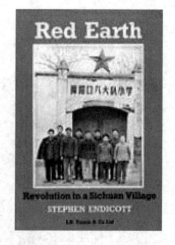

文忠志《红土地》一书封面

　　在社会主义集体所有制时期，生产力取得了质的提高，十分成功地将剩余劳动力转变成为经济增长的资本。虽然公路、铁路、水渠、水库、鱼塘、开垦的荒地、新果园、平整的田地等基础设施建设所带来的绩效并没有记录在账簿中，从统计的角度说，它们不曾存在过，但是它们确确实实在那里，人人都能看到……每个农民都有国家基本口粮的生活保障，没有人会饿死街头。在这个从汉朝以来都没有学校的地方，如今每个村里都有学校。村里有合作医疗，能提供中西药和对一般疾病的救治……

文幼章是一个理想主义者，他与国民党决裂、追随共产党，就是希望能建立自由、民主、平等的理想家园。

当新中国成立后，从 1952 年到 1959 年，文幼章先后三次应中国政府邀请访问中国。他是那个年代屈指可数的享有这种待遇的西方人。他参观了玉门油田、敦煌千佛洞、河南三门峡黄河大坝，还乘火车翻越秦岭，重游曾经生活工作过的成都、重庆等地。他还走访了人民公社、学校、监狱。

每到一处，文幼章都感到惊奇和振奋，他认为中国的现状就是自己的理想。对比 20 世纪三四十年代战乱、疾病、匪患、饿殍遍地的中国，文幼章认为新中国人民政府是有史以来最有代表性、最民主、最进步的政府。

文幼章不但受到毛泽东、周恩来等国家领导人的接见，所到之处也受到热情的欢迎。以成都为例，1956 年一年一度的花会，为了迎接文幼章，园艺工人通宵工作，以便为"在革命中帮助过我们的老朋友"看到而提前一天开幕。这件事令文幼章深受感动！

在中国的感受使文幼章认为抵制美国封锁，以及克服加拿大的怯懦的最好办法就是把新中国惊人的进步告诉全世界。于是，他和妻子返回加拿大后到处演讲，写文章、办杂志，大力宣传新中国所取得的成就。文月华撰写的《红星照耀中国》一书，后来被翻译成中、日、德多种文字。

不过，文幼章的演讲也受到一些抨击，有人指责他"过分乐观、无鉴别力、缺乏主见""为什么看不到伴随着剧烈的动荡、动乱而必然会产生的苦难、混乱、错误和侵犯人权呢?"

前排左一为陈普仪的儿子陈大维，后排三个中国孩子是文幼章收养的义子

文幼章在来自各方面的排斥中，一度处境十分艰难，找不到工作，只有靠打短工和岳父的资助度日。但他依旧对新中国一往情深，因为那就是他心中的理想国。

一个传教士的儿子，一个受封牧师，经历了艰巨的自我改变。文幼章接受了阶级斗争、社会革命的理论，也接受了反对帝国主义的正义战争是被剥削被压迫人民的解放事业的必然组成部分这一理论。

文忠志（右）向作者展示父亲留下的乐山老照片

　　对于中国农村人民公社 1960 年至 1980 年期间的真实情况，文幼章也许并不清楚，或者只了解局部，可是留在记忆中的美好印象难以淡忘，那是他梦寐以求的理想国的一部分。于是，当人民公社被包产到户取代，海外众说纷纭时，他担心"资本主义复辟"，要儿子文忠志亲自到农村实地调查。

文忠志（右）重返乐山留影

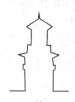
也许，今天回过头去看《红土地》这本书会觉得有一些局限。但是对一个封闭太久、不为世界了解的中国，这本书犹如一个小窗格，透过它可以一窥中国的发展，同时，也可以看到文家对中国的一片深情。

文忠志带家人重返峨眉山

四

感谢文幼章小女儿 Shirky 的厚爱，让自己的亲家白理明（Raymond Whitehead）老先生将她从老人院接出来，在儿子 Brian 家中接受我的采访。之前她拒绝了一切访问，但因为我来自乐山，被她视为故乡人，于是她不顾医生劝阻率性而为。

Shirky 是文幼章四个子女中最小的一个，1930 年出生于重庆。大约也受中国百姓爱幺儿习俗的影响，Shirky 从小就格外受父母宠爱，家里的事很少让她操心插手。

文幼章小女儿（右）、亲家白理明（左）与作者（中）

与文家世代能言善辩的风格不同，她说话慢条斯理，音调纤细。采访中一旦有什么记不清的事，她就会幽默地说："你去问 Stephen Endicott（文忠志），他是家里的谷歌，什么都知道……"

Shirky 一生与中国渊源深厚。她的第二任丈夫苏威廉 1917 年出生在乐山，不但能讲一口流利的四川话，还烧得一手地道的四川菜。

苏威廉的父亲苏继贤（Walter Small）是一个卓越的建筑师，除主持修建乐山福音医院（后来的仁济医院）、三育学校等，还有华西协合大学图书馆、钟楼、牙医科大楼、化学楼等杰作。如今这些建筑已被列为国家、省、市级文物保护单位。

苏继贤为人和蔼可亲，喜欢与中国工匠交往，喝茶摆龙门阵，被人亲切地称为"苏木匠"。

父亲的名声太大了，苏威廉成年后，即使在华西协合大学当教师，担任会计主任，还不时被人叫"苏木匠的大娃儿"。而"苏木匠的二娃儿"苏约翰，曾担任第二任加拿大驻华大使。

同样的中国情结使 Shirky 与苏威廉走到一起。

1973 年 Shirky 与苏威廉结婚时，蜜月旅行地就选择了乐山。乐山给他们的童年留下了深刻的记忆。在乐山城被围观的情形 Shirky 至今记忆犹新。

"zhe er zhe er——"她模仿乐山腔，问我是什么意思。我说是"这儿，这儿——大约是招呼熟人来看你们吧。"那时来乐山的外籍人士极少，他们成为被关注的对象。

"呵呵，我们成明星了!" Shirky 眉开眼笑地说。她告诉我，她的中文名叫文萨丽，母亲说是美丽的意思。这话让儿子 Brian 大吃一惊，他第一次听说母亲的中文名字。

自 2006 年苏威廉去世后，Shirky 身体每况愈下，也越发沉默寡言，而这个晚上她显得很开心。在渥太华大学医学院读书的孙女文雪韵也赶回来，儿子和媳妇特地做了英式晚餐。

文幼章的小女儿（前排右）、外孙（前排左）、外孙媳妇（后排左）、亲家白理明（中）与作者（后排右）

吃饭时我才忽然想起文家祖籍是英国！而文雪韵却告诉我她最喜欢的菜是四川的麻婆豆腐。小时候只要爷爷奶奶说给她做麻婆豆腐，她就会高兴得从这间屋子跳到那间屋子，一边跳一边高呼"麻婆豆腐、麻婆豆腐！"她如今会说的中文就是"麻婆豆腐"和"谢谢"。

Shirky 有一儿一女，儿子 Brian 1955 年出生在加拿大。那时中国对外的大门关闭，Shirky 以为从此与中国缘分已尽，不想在与苏威廉结婚后，儿子又与 Clare Whitehead 相恋，由此更增添了中国情缘。

Clare Whitehead 中文名白心霞，其父白理明在香港从事教育多年，曾受到周恩来总理接见，能讲一口粤语。受父亲的影响，白心霞也希望有机会去中国。19 岁那年，她得知北京邮电学院要招聘外籍英语教师，虽然她的年龄和经验都不具备竞争优势，但还是满腔热情递交了申请。也许是她的诚意，也许是命运安排，她的申请获准了！

那时在中国的西方人士非常少，青春貌美的白心霞星期天骑自行车外出，总有中国人追着喊"嗨，老外，老外！"而白心霞的父亲后来也到南京金陵神学院从事教学工作。

中国如同一根红丝线，不但将 Shirky 与苏威廉拴在一起，也促成了白心霞与 Brian 的美满婚姻。

晚饭后文雪韵为我们演奏了几段大提琴曲，非常优美。白理明问我：你认为我的外孙女漂亮吗？我说当然。他幽默地说：没有我这个漂亮的外公哪来漂亮的女儿？没有漂亮的女儿哪有漂亮的外孙女？所以首先要赞美漂亮的外公！我们都开心地大笑起来。

这让我情不自禁地回忆起一年前在乐山初次见面的愉快时光。

2014 年 4 月，Brian 偕妻子、岳父来到乐山，外公口中有趣的嘉定童年、舅母油画笔下美丽的故居，以及许多泛黄的老照片，从小就在 Brian 心中搭建了诗意乐山。

可是文幼章故居破败不堪的现状令 Brian 有些伤感。不过随后发生的两件小事冲淡了他的伤感情绪：一是故居门口摆地摊卖杂货的男子，得知 Brian 是文家后代，主动把陈列在石碑上的物品拿下来；二是到嘉定坊看老照片时，有参观者问他是否是文家后人，因为他模样与文幼章有些相似，参观者请求合影留念。

2014 年文幼章外孙在文幼章故居前留影

Brian 没有想到乐山人至今还记得文家，颇为感动。我对 Brian 说，无论多么辉煌的建筑都有变为废墟的一天，重要的是能活在人们的心中。Brian 慢慢释然。

那天下午在我家品茶时，Brian 又给我谈起他的父亲苏威廉以及外公文幼章。20 世纪 50 年代美国麦卡锡主义泛滥，共产党和同情支持共产党的人士遭受恶意诽谤、迫害。这场反共排外运动的影响波及美国政治、外交、教育、文化等各个方面，甚至共产党人都不许入境。

加拿大是美国的忠实追随者，文家的日子也由此变得非常艰难。

文幼章外孙到嘉定坊参观"百年人文历史"老照片展，指着外祖父的
照片讲述有关外祖父的往事

Brian 的父亲是加拿大共产党党员，在麦卡锡主义横行期间失业
了，四处求职却无人敢收留他。后来在朋友的帮助下，他在一个非常
偏僻的小镇才找到一份赖以糊口的工作。而文幼章回国后因为大力宣
传新中国、共产党，不但被教会扣以"头号公敌"的帽子，也因为到
朝鲜调查细菌战，强烈谴责美国而惹恼了加拿大的一些官员，说他
"帮助敌人说话"。

文幼章外孙一家到峨眉山伏虎寺参观

文幼章是靠岳父的资助，以及世界和平会的帮助才得以度过最艰难的日子。"他的办公桌、床边、沙发旁堆满了与中国相关的各种书籍、报纸、杂志，直到死，他的关注点都在中国。"Brian 说。

2014 年分别时，应白心霞之请，我为 Brian 取中文名"文嘉乐"，为他的女儿取名"文雪韵"。

转眼一年，我们在多伦多相聚。Brian 夫妇正计划第二年再到中国。除了白心霞要参与家庭医疗护理培训计划外，他们还准备到中国西部旅行。

文幼章外孙（右）向作者展示外祖父从中国带回的龙杖

回想百年前文焕章在码头送别儿子去中国时，满含期望和信心挥舞帽子高喊"中国万岁！"如今，文家依旧传承着一颗热爱中国的心！文家后代的血脉里延续着绵绵不绝的中国情愫！

四川大学博士生导师陈建明教授（右）考察文幼章故居

第四章　谢道坚：止于至善

一

当 Francie Service 给我展示这张乐山老照片时，我惊讶不已，无法想象乐山在一百多年前就有如此精致的生活！

那是 Francie Service 的爷爷谢道坚（C. W. Service）1905 年在嘉定（乐山）白塔街别墅花园中的时间定格：一群长裙西服的西方人正悠闲自得地享用下午茶。

谢道坚（右四）与家人朋友在嘉定故居的花园中享用下午茶

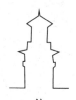
时光倒流，Francie Service 的爷爷谢道坚 1872 年 1 月出生于加拿大安大略省，高中毕业后进入维多利亚学院学习艺术。学院迁往多伦多后，他有缘结识了一些在中国工作的朋友，逐渐萌发了去中国工作的念头。

加拿大当时选择派往中国的人，首先考虑是否具备医学背景。而谢道坚是学文学的，为了争取去中国，他在获得文学硕士后，立刻进入三圣医学院学习，并于 1899 年获得医学博士学位。

谢道坚博士

1902 年 10 月谢道坚偕妻子到达上海，由于水土不服，身体状态一直不佳，只好到芜湖一边修养，一边学习汉语。

一年后他到赫斐秋二儿子赫怀仁（Edgerton H. Hart）担任院长的芜湖医院工作。该院当时是安徽省最大、技术力量最强的医院。

赫怀仁是一位杰出的外科医生，他的兄弟姐妹 5 人都出生在中国，熟知中国南方的风土人情，能讲一口流利的汉语。

谢道坚与赫怀仁十分投契，赫怀仁时常向他讲起在四川服务的父亲赫斐秋，使谢道坚对遥远的四川有了初步的了解。

1904 年谢道坚被派往嘉定。自从 1892 年启尔德在嘉定开设了西医诊所以来，多位医生先后被派去。可是尽管付出许多努力，西医依旧不被中国人认可，诊所举步维艰。自前一任医生王春雨（W. E. Smith）博士离开后，嘉定诊所因为没有人手，不得不暂时关闭，谢道坚被派去就是为重启医务工作。

谢道坚的妻子与儿子坐滑竿去峨眉山

谢道坚（后排右二）与在川工作的西方人士

　　谢道坚为了让诊所有新气象，花费心思对其进行一番装修。诊所本计划在圣诞节时开业，他却不幸在救治病人时感染上斑疹伤寒。在没有抗生素的年代，斑疹伤寒是九死一生的险症。

　　他周身疼痛，剧烈头痛，低热寒战，好不容易才过了鬼门关。终于在1905年的春天，他打开诊所，令他意想不到的是第一个患者竟然又是斑疹伤寒！

谢道坚（后排右二）在嘉定福音诊所与病人及家属合影

那时中国西部公共卫生防疫几乎是一片空白，每当水灾、饥荒、战争之后，瘟疫就会接踵而至。斑疹伤寒大多是通过虱子老鼠等传播。病人家属在四处求医无望之下，才抱着死马当作活马医的心情求助于西医。

清末即将执行死刑的嘉定囚犯（谢道坚拍摄）

清末嘉定站笼的囚犯（谢道　戴板枷与站笼的囚犯（谢道坚拍摄）
坚拍摄）

患者病情非常严重，高烧、疼痛，全身布满暗红色的出血皮疹。

当时西医不被大多数嘉定人接受，谣传外国人不把脉，用眼睛看病，是因为他们的眼睛有巨大的魔力，不但可以看穿人的五脏六腑，还能探寻到地下的矿藏。外国人使用的白色药片是用小孩的眼睛或者肝脏做成的，等等。

谢道坚意识到一旦患者死去，不仅谣言会更加泛滥，自己也将难以在嘉定立足；而如果能治愈患者，对新开业的诊所无疑是最好的宣传。

可当时还没有治疗斑疹伤寒的有效药物，最好的办法就是加强护理。新开张的诊所没有护士，于是谢道坚既当医生，又做护士。他亲自给患者洗澡更衣，剃光头发、腋毛和阴毛，将换下的衣物煮沸，彻底灭虱；然后给患者熬煮加鸡蛋或肉末的稀饭，增加蛋白质恢复健康；同时经常给病人喂水，补充足够的水分。而更重要的是，他与病人聊天，进行心理治疗，使之摆脱狂躁和不安。经过一段时间的治疗，病人终于摆脱死神。

斑疹伤寒病人获救的消息在嘉定城不胫而走，诊所开始有了一点起色。

谢道坚夫妇

不久，一位父亲背着病重的儿子上门求医。儿子染上鸦片毒瘾，虽然心里想戒，无奈烟毒深重，一旦发作，故态萌发，几次戒毒都以失败告终。父亲忍无可忍只好将其捆绑在家中，并在门上加了一把大锁。哪知烟瘾难耐的儿子，竟然挣脱绳索跑了出来。

为了掩人耳目，烟瘾发作的儿子从后院攀上了邻居家的墙头，准备穿过邻家的院子去烟馆。不料刚跳进邻居的院子，一只凶狠的大狗猛扑了上来。他不但被狗咬伤，还摔得几处骨折。

这位父亲又急又气，不惜舍近求远带儿子上门求助谢道坚，期盼谢道坚在治病的同时帮助儿子戒掉毒瘾！

清朝末年，鸦片大量涌入中国，嘉定也深受其害。最初人们对其危害性认识不足，只知对治疗疼痛、痢疾、咳嗽等有神奇的功效；还有少部分人吸食后感到有不可思议的快感，能忘却一切烦恼。可是，一旦吸食上瘾，便每天不能间断，否则涕泪齐下，浑身瘫软。吸食时间一长，诸事慵懒，骨瘦如柴，家破人亡。

在谢道坚的努力下，这个年轻人终于走出毒瘾的阴霾。

谢道坚与他的中国朋友

时隔不久，一天，诊所门口忽然出现 30 多个男人，这让谢道坚颇为惊讶，担心发生不测。

一个貌似领头的男人看出谢道坚的担忧，忙上前作揖，称自己与那个戒掉毒瘾的年轻人是亲属，同行的 30 个男人出自同一大家族，也都染上鸦片毒瘾。亲戚戒掉鸦片一事，已在乡里传开，大家都惊叹是个奇迹！于是 30 多个亲属相约一同前来找谢医生，希望他帮助大家摆脱毒瘾。

几乎没有商量的余地，几十双眼睛注视着谢道坚。谢道坚只能收下了这些主动上门的戒毒者。

在总结成功治疗第一位吸毒者医疗方法的基础上，谢道坚制定了更加严密、综合配套的戒毒方案。通过精心而又严格的控制治疗，他们中大部分人最终戒掉毒瘾。

消息不胫而走，人们奔走相告。一时间，前来谢道坚诊所戒毒的人络绎不绝。小小的诊所门庭若市，自然形成了嘉定戒毒中心，成就了一段佳话！

谢道坚（前排左一）怀抱儿子谢道生（左二）与家人朋友在峨眉山

谢道坚的孩子与中国保姆

谢道坚逐渐成为广受欢迎的医生，不但有达官贵人及女眷上门求医，甚至有孩子对家人声称必须是谢道坚看病才肯吃药……

而谢道坚另一件传奇的往事，是在嘉定发现并培养了我国第一个牙医学博士——黄天启。

二

一天，谢道坚从家里出来，看见一个衣衫破旧的赤足男孩在教堂大门口张望。男孩看上去十二三岁模样，因为在教堂出现了几次，引起了谢道坚注意。

他走过去与孩子攀谈，方知男孩名叫黄天启，今年 14 岁，原籍青神县。因家境贫穷，一家人到嘉定城投奔亲戚。父亲是一位裁缝，收入菲薄，于是母亲只好到白塔街教堂里帮工。黄天启时不时来此，正是帮助母亲干活。

谢道坚问黄天启是否上学读书，黄天启摇摇头。一日三餐能吃饱已不易，哪里敢奢望读书？每次来帮母亲时听到里面的读书声，心里都羡慕不已。

谢道坚又问他想读书吗，黄天启没有吱声，他知道家里的状况，上学读书对他来说是遥不可及的梦想。

谢道坚看穿了黄天启的心思，他觉得这孩子天资聪颖，与多数中国孩子羞怯内向闷声不响的性格截然不同，不由萌发了帮助他读书的念头，于是对黄天启说可以帮助他读书，但每天上午读书，下午必须劳动。

黄天启几乎不敢相信自己的耳朵，他做梦都没想到自己还能进入学校读书！很多年后他才知道，自己的劳动

谢道坚拍摄的嘉定玉凤山白塔。该塔在 1916 年扩建仁济医院时拆除

报酬根本无力支付学费。谢道坚这样做，是为了让他懂得自尊。

谢道坚拍摄的嘉定城西瞻峨门。最初的西医诊所是租城墙下的民居开设

　　在谢道坚的帮助下，黄天启进入进德小学。这是嘉定最早的西式小学。

　　1896 年嘉定教案平息后，文焕章等人用官府赔付的银子，购买了位于白塔街九狮堂的土地，修建了白塔街教堂、一所药房和进德小学。进德小学当时学生极少，一是西式教育还不被乐山人接受，另一方面学费高昂，让人望而却步。

　　虽然当时进德小学远不具备我们今天小学的规模，但却给清末的嘉定带来一缕新风，并在白塔街形成一个新型教育模式雏形：幼儿园、小学、妇女学校。

　　与进德小学同时修建的药房，后来改为妇女学校，再后来改为进德幼儿园，也就是白塔街幼儿园前身。进德小学在 20 世纪 50 年代更名白塔街小学。

黄天启小学毕业后，考入成都华西协合中学堂。消息传到嘉定城引起轰动：一个从未受过教育的家庭，一个穷孩子，跨入当时中国西部最显赫的学校！

的确，华西协合中学堂在中国西部教育史上具有里程碑式的意义。这是在清末光绪皇帝接受西方思想，推行新式教育，实行"废科举，兴学堂"政策，欲废除在中国实行了1300多年的科举制度的背景下创立的。

谢道坚位于嘉定城白塔街住所的原貌

1904年，清政府还未正式宣布废除科举的前一年，陶维新（Robert John Davidson）作为英国公谊会的代表来到成都，与美国美以美会的成都负责人毕启（Joseph Beech）、甘来德（Harry Canright），加拿大英美会负责人启尔德（Omar L. Kilborn）、杜焕然（James Livingstone Stewart）一起，协商在成都筹建华西协合大学的相关事宜。

于是，英国公谊会所属的华英学堂、美国美以美会所属的华美学堂、加拿大英美会所属的广益学堂，合并为华西高等预备学堂，取名为"华西协合中学堂"。

1908年学校正式开学，由英国人陶维新担任校长。那时，华西协合中学堂不但有雄厚的师资力量，先进的教学仪器，明亮的教室和宿舍，甚至还有当时大多数中国人未见过的足球场与足球赛。

要进入这样的学校，考试成绩是一道高门槛，学费又是一道高门槛。

谢道坚拍摄的清末嘉定城墙一角

这不禁让收到入学通知的黄天启高兴之余又坐立不安，也让谢道坚感到有些犯难：如果不让黄天启读书，无疑埋没了一个天才；如果让他继续读书，自己也有经济压力。他思来想去，与妻子商议一番后，最后决定继续资助黄天启读书。

也许，连谢道坚也没有想到，这个孩子后来不但与自己，甚至与一家人有了千丝万缕的关联……

三

在谢道坚资助下，黄天启进入了当时中国西部最好的学校：华西协合中学堂。

黄天启的大脑潜能被逐渐激活，崭露出横溢的才华。他以优异的成绩从中学堂毕业后，1911 年又考入华西协合大学。

华西协合大学由英、美、加拿大三国基督教会的 5 个差会（美以美会、公谊会、英美会、浸礼会、圣公会）共同开办，因校址设在成都南门外的华西坝而得名，1910 年 3 月 11 日正式开学。教师大多来自英、美、加三国，当时成都市民称之为"五洋学堂"。

学校组织管理按"协合"的原则，仿照牛津、剑桥大学的体制，实行"学舍制"，即每个差会建立和资助自己的学院，管理自己的资金和设备。由学校制定教学大纲和录取与考试标准，集中化与个性化相结合。这样既解决了各教会提供资金、设备间相互协调的问题，也保证了学校在育才方面拥有独立的办学自主权。大学成立之初，开设了哲学、英文、中文、历史、经济学、物理、化学、生物、解剖学、教育学等课程。

为了让黄天启进入华西协合大学，谢道坚找到他的朋友唐茂森博士（John E. Thompson），将黄天启的情况详细告之，认为他是不可多得的人才，希望朋友能与自己一同资助黄天启。

唐茂森与妻子的婚礼（前排中间两人），右一为启尔德

唐茂森是一个牙科医生，毕业于多伦多大学皇家牙医学院，1909年到四川，协助林则（Ashley Woodward Lindsay）在成都开展口腔医疗工作。

牙医收入丰厚是现代社会的观念。唐茂森到四川的年代，人们对牙医几乎没有认知，觉得"牙疼不算病"。此时的中国战乱、饥饿、瘟疫不断，人们处于朝不保夕的惶恐之中，能应对各种疾病的全科医生才能立足，而一个专业牙医只能坐冷板凳。那时，牙医学不但在中国是一个陌生的概念，甚至连西方医生也不太重视。

著名牙医学专家林则刚到四川时，频遭尴尬和冷遇，险些因为没有病人被召回加拿大。后来在启尔德的帮助下，才在仁济医院最顶层的四楼，因为上下不方便而空余的房间中，争取到一间屋子作牙科诊所。

一些人认为林则坚持不了多久，就会因门可罗雀而自动打道回府。可是，令人意想不到的是，诊所刚开业就有一位女患者上门求医！那时有钱人家的妇女都是请郎中上门诊治，可是这位女患者被奇特顽固的牙病折磨了多年，以致牙槽脓肿，牙齿松动，疼痛难当。无数郎中的治疗，小山般的中药，非但没见牙病好转，反而逐年加重。在痛苦与绝望中，她听闻仁济医院来了洋牙医，便横下一条心前来求医。在"男女授受不亲"的封建社会，这如同冒死一搏。

唐茂森一家

在林则的精心治疗下，女患者病情迅速好转，不久完全恢复正常。这位女患者大喜过望，四处传扬，于是一些有权势的家庭的女眷也尝试着前来就诊。

这些平时幽居在深宅大院的权贵人家的妇女，一旦外出，轿夫、老妈子、丫头前呼后拥经过闹市，在招来闲言碎语的同时，这也给牙医诊所做了活广告。

最后连四川总督也亲自送侄女来看病。

林则声名鹊起，上门求医者逐渐增多。于是林则便邀请他的同学唐茂森来中国发展牙医事业。

唐茂森尽管收入不多，但得知黄天启的情况后，立刻表示愿意一同帮助黄天启。他与谢道坚一样，不但有一颗慈悲善良的心，并且对知识与人才深怀敬意与关注。

黄天启在谢道坚和唐茂森的帮助下，进入华西协合大学药学专业。这个专业当年仅招收了9名学生。

6年后其中8名学生以优异的成绩毕业，而另外一名学生的命运却发生了意想不到的改变，这名学生就是黄天启。

华西协合大学成立之际，正是四川最动荡的时期，保路运动，辛亥革命，许多青年全身心投入其中。可是谢道坚对黄天启的将来有更长远的构想，要他努力提高英语水平，有广阔的视野和胸怀。

因此，即便在保路风潮和辛亥革命战火中学校一度停课，黄天启也没有中断英语学习。在最危急的时候，谢道坚甚至将黄天启藏起来。

1914年华西协合大学医科设置了牙科专业。林则与唐茂森均受聘讲授牙科课程。而当年那个设在四楼的小诊室，已经在四圣祠堂仁济医院旁扩建为牙症医院。

林则在主持牙症医院的工作中深切地感到人才奇缺，唐茂森便向他推荐了正在药学系读大三的黄天启。林则起初不以为然，一个对牙医学一无所知的中国年轻人行吗？

唐茂森便找来谢道坚，两人一同向林则推荐。于是林则对黄天启进行了一番考察，发现他思维敏捷，动手能力强，成绩在班上名列前茅，是一个难得的人才，便动员黄天启转学牙科。

可是，没有想到黄天启不愿意转学，原因是药学为6年制，他已经读了3年，再过3年就可以毕业了。他可以找一份收入不错的工作，维持一家生活，赡养父母都不成问题。而牙科不但要重新开始，而且学制更长，他不想再给谢道坚、唐茂森增加经济负担，也希望能尽快挣钱。

　　林则便耐心说服黄天启，并表示如果他学业优秀，不但为他攻读牙医学申请奖学金，还会资助他去加拿大多伦多牙医学院深造，使他成为中国乃至亚洲最优秀的牙医。

　　黄天启被这个宏伟的计划打动了，终于同意转学牙科。这是牙科招收的第一名学生，一个从嘉定走出来的青年。1921 年黄天启从牙学院毕业，成为中国第一位专业牙科医生。

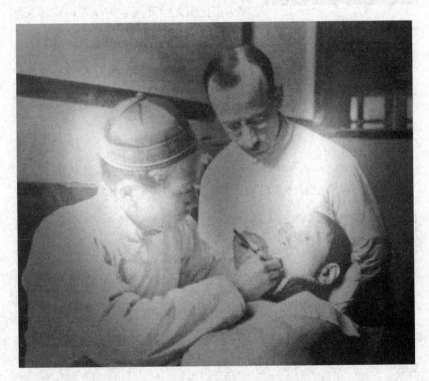

唐茂森（右）指导黄天启（左）为患者诊治牙病

　　林则主张精英教学，实行严格的淘汰制，能从牙科毕业的学生寥若晨星。这种精神与传统一直延续下来，如今从华西口腔专业 8 年制毕业的学生，无论走到哪里都深受欢迎。

留学归来的黄天启博士

直到今天，华西口腔专业都是首批重本，与清华、北大的高考录取线相差无几。

1919 年华西协合大学牙学院成立，牙科成为与医科并行的学科，这是中国最早建立的高等牙科教育专业。林则担任首任院长。

1926 年、1937 年黄天启先后两次到加拿大多伦多大学牙医学院学习，获牙医学博士学位。这是我国第一位牙医学博士。

黄天启学成回国后先后担任华西协合大学牙医学院教授、成都仁济牙症医院院长、中央大学医学院教授、华西齐鲁联合大学牙病医院院长等职务。

传奇的人总是有许多传奇的事，也许谢道坚没有想到，他与唐茂森因为帮助黄天启，二人的关系越来越紧密，最后竟然成了儿女亲家！

2015 年秋我在加拿大多伦多采访 Francie Service，在谈及她的爷爷谢道坚、外公唐茂森时会不断提到黄天启。

黄天启将他们两家的命运连在了一起，黄天启也似乎是 Service 家的一员。

谢道坚的儿子谢道生 1914 年出生在成都，那时谢道坚从嘉定调至华西协合大学医学系任教。

坐在竹椅轿上的谢道生　　　　　谢道生与他的中国小朋友

谢道生（前排左一）与 CS 学校的孩子们

　　谢道生长大后子承父业从事医学事业，娶唐茂森女儿为妻。一对璧人生下三个儿子和一个女儿 Francie Service。

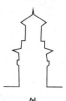

谢道生与新娘在印度孟买旅行结婚

Francie Service 告诉我，她出生在加拿大。父亲本想带她一同回到中国工作，可是那时中国的大门关闭了，他们无缘再返回四川。

谢道坚一家。前排右二为谢道生，成年后担任重庆仁济医院院长

她还说自己小时候好奇心很重，总想知道大人的事，可是父母但凡有回避孩子的事就讲中文，弄得她只有干瞪眼。

她曾经让母亲教她中文，无奈太难，加上贪玩，没有坚持下来，如今只记得几个常用词。

为了增强她学习中文的兴趣，母亲给她取了一个中文名字：蓝鸟。这是母亲在峨眉山见过的一种鸟，羽翼散发着宝石般幽蓝的光泽。母亲希望她展翅高飞，也让她永远记住中国。

Francie Service 的爷爷谢道坚 1930 年在成都病逝，享年 58 岁。死前他留下了遗言：把自己的遗体捐给学校做解剖。

谢道坚（前排右三）与华西协合大学校长（中）以及中国同事

中国人讲究入土为安，故华西协合大学医学开办以来，难以寻找用于解剖的尸体。谢道坚为了中国西部的医疗事业，做到了"春蚕到死丝方尽，蜡炬成灰泪始干"。

黄天启终生铭记谢道坚恩情，在母亲百岁生日时，特地烧制了瓷碗，并托人带给谢道坚家人。至今瓷碗仍完好无损地保留在 Francie Service 家中，作为 Service 家族与从嘉定走出来的男孩友情的见证。

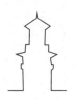

黄天启为母亲百岁生日烧制的瓷碗至今完好保留在谢道坚小女儿家中

谢道坚全家

Francie Service 的外公唐茂森 1932 年病逝。他与林则博士、吉士道（Harrison J. Mullett）博士、安德生（Rog M. Anderson）博士、刘延龄（R. Gordon Agnew）博士等，为华西口腔医学发展成国内一流、国际知名口腔医学基地奠定了坚实的基础。

谢道坚一家去峨眉山途中

如今在四川大学华西口腔医学院（2000 年四川大学与华西医科大学两校合并，校名为四川大学）能看到这样一组雕塑：

一个头戴瓜皮帽、身着长衫的年轻华人男医生，正为一个华人男患者诊治牙病。病人身后站着一位戴眼镜的年长外籍医生，全神贯注观察年轻医生操作。

人物原型来自唐茂森和黄天启，以当年一张黑白工作照片为蓝本雕塑而成。这组雕塑是华西口腔医院的标志之一，也是中国牙医学顶级殿堂的组成部分之一。

北洋陆军第四混成旅第二团军医官赠送谢道坚的照片

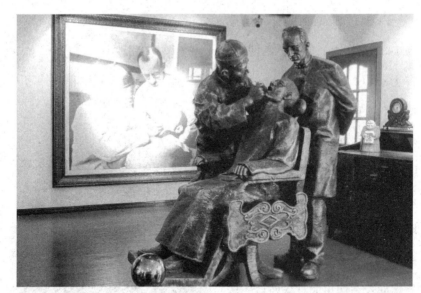

以唐茂森、黄天启工作照为蓝本的铜铸雕像，作为华西口腔医学发展的里程碑安放在四川大学华西口腔医学院

黄天启的另一位恩师林则 1968 年 12 月在加拿大去世，享年 84 岁。他与夫人林铁心（A. T. Lindsay）虽然没有孩子，却被誉为"中国现代牙医学之父"。

林则一生有四十多年服务于中国，培育了许多优秀人才。1999 年，四川大学华西口腔医学院为纪念他对中国现代口腔医学的杰出贡献，为他铸造了一尊铜像矗立在华西口腔科教大楼前。

黄天启 1985 年去世，享年 94 岁。他一生为无数患者解除痛苦，上至国家领导人邓小平、贺龙等，下至无数平民百姓。另外，他还著有《瓷在牙科学上的运用》《牙齿与健康》《牙体修复学》等牙医学专著。他先后担任四川省人大代表，省政协常委，第三、四、五届全国政协委员，四川省人民医院口腔科主任等职。

"世有伯乐，然后有千里马。千里马常有，而伯乐不常有。故虽有名马，祗辱于奴隶人之手，骈死于槽枥之间，不以千里称也。"

谢道坚与黄天启不正是伯乐与千里马的写照么！如果黄天启在嘉定没有遇到谢道坚，或者谢道坚没有资助这个穷孩子上学，黄天启的人生会如何？或许如他的父亲做一个裁缝，或者做一个力夫，重复嘉定众多穷人的人生轨迹。

而谢道坚使黄天启的命运发生了彻底改变！

1926 年当黄天启随谢道坚跨越太平洋去多伦多大学牙学院深造时，回想少年时赤足在嘉定白塔街的情景，不知有多少感慨！

清末民初时期的中国西南没有专门的牙医，人们牙痛难忍时只有去找人拔牙，而拔牙者属于跑江湖一类，算不上医者，通常与理发、修鞋者为伍，在街上摆摊设点，将钳子、锤子等简单工具在桌上排开，同时也将以往拔下的牙齿摆在桌上，以此招徕顾客。

黄天启成为中国第一个牙医学博士，不但造福于更多的人，也标志着主攻口腔疾病研究、预防、诊断、治疗的牙医学在中国成为一门学科。

小小的牙齿不但可以反映出人的身体状况、生活环境，乃至家庭教养，甚至还能折射出一个国家的经济状况，以及文明程度。

在西方发达国家，70 多岁老人拥有一口光洁牙齿的比比皆是，可是在中国，尤其是农村截然相反！今天一些"成功者"身家数百万，但无论名牌加身，知识填补，早年生活的状况总能从牙齿露出端倪。因此，可以说牙医学的进步，是社会进步的标志之一。

我离开加拿大前一天，Francie Service 的哥哥 John Service 赶到多伦多来参加"CS"聚会。在川流不息的人群中，未经人介绍，我一下认出他——头颅光亮，目光如炬，活生生的谢道坚翻版。

重庆仁济医院的同事们为谢道生新婚准备的刺绣贺礼　谢道生新婚贺幛（局部）

谢道生的三个子女

作者与谢道生女儿（左一）、儿子（左二）女婿（右一）

在我与他握手那一刻，我脑子里一下浮现出一百年前嘉定白塔街景象，仿佛看到一个目光如炬、头颅光亮的加拿大人正悬壶济世。

谢道坚的长外孙（左）与曾在乐山工作的洪乃宽医生的孙女（右）结为夫妇

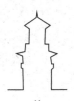

在加拿大出版的谢道坚传记《伟大的一生》

谢道坚的一生正如他的传记《伟大的一生》扉页上的诗句：

他生的伟大，死的亦伟大。

第五章　孔镜明：不为人知的往事

一

《从瘾君子到传教士》是孔镜明在嘉定完成的一本书，讲述了他与鸦片瘾君子陈亭桥（音）在湖南的故事，以及他初到乐山的经历。

孔镜明著《从瘾君子到传教士》封面用图

孔镜明出生于加拿大安大略省，大学毕业后在当地的一所学校任教。学校不时邀请一些在海外传教的人士来校座谈。那时的东方，尤其是长期封闭的中国，在西方人眼里十分神秘。

孔镜明与这些人接触后，逐渐萌发了到中国去工作的愿望。于是，他向加拿大英美会提出申请去中国工作。由于当时该会财力不足，申请被搁置下来。但他并不死心，改向内地会申请。

1896 年他的申请获准，他被派往中国湖南工作。

内地会（China Inland Mission）严格意义上说不是一种宗派，而是跨宗派的传教团体。虽然大多数人对内地会所知不多，但是即便是对宗教有成见的人，提到内地会也会表示钦佩。

清末民国时期，在穷乡僻壤服务的西方人，多为内地会成员，他们即使遇到中国官府和或暴民的迫害，也不向本国政府申诉，不抱怨，不仇恨，拒绝赔偿。他们吃苦耐劳和甘于贫穷的精神，是一般人难以比拟的。

内地会这种行事风格源于创始人戴德生（James Hudson Taylor，1832—1905）。戴德生是英国人，1865 年成立内地会时，到伦敦的银行开户仅储存了 10 英镑作为基金。

孔镜明乐山旧居

1872 年戴德生在上海设立内地会总部。从此，内地会吸纳了世界各地的甘于吃苦的西方人士到中国工作。

孔镜明到湖南时，正值多事之秋。湖南在清末是全国排外情绪最强烈的一省，究其原因，与地理环境、地域文化和性格有关。湖南人大约是中国最具鲜明性格的群体之一：倔强、高调、爱激动、脾气火爆，做事有韧性、吃苦耐劳。

而清末湖南出了一个奇特的乡绅——周汉（又名周振汉），对当时激烈的排外事件起到极大的推波助澜作用。

周汉自幼熟读儒家之书，太平天国之乱时投身军旅，因功被保荐为陕西补用道，即候补道员，虽然相当于四品官员，但却是一个没有实权的闲职。

周汉感到不得志，便称病返回长沙故里。闲来无事，他常与几位书商往来，耳闻来华西洋传教士日多，内中有包揽诉讼、强占民田等不法之事。周汉愤而编写印刷反外国宗教的宣传图册，从 1890 年到 1898 年近十年间，编印的宣传册数量之多，形式之繁，内容之尖刻，几乎是空前绝后。

仅其中一本名为《鬼教该死》的小册子，就印刷了 80 万册之多。这些图文并茂免费发放的小册子，传播面非常广。

在周汉之前，儒家知识界虽然与来华传教士产生过不少冲突，但从未出现过"肉体消灭"的恐怖号召。

周汉大声疾呼湖南民众：全部起来"驱鬼"。如有敢阻挠，为"鬼"说话者，立即击杀，尸体弃之荒山以喂虎狼；如有敢将土地房屋卖给"鬼"者，将业主与经办人全家杀尽，产业充公，作为"灭鬼"经费。

摇摇欲坠的清末，社会矛盾尖锐。周汉的宣传，在社会上层与下层均有不少响应者。这在某种程度上催化了长江流域此起彼伏的教案，令在华的西方人士恐惧不安。

光绪十七年（1891）九月，美国驻华公使曾对清廷总理衙门说："中国朝廷士大夫阶级中的反洋人和反基督教分子，正在系统地煽动仇恨。这些分子的大本营和中心是湖南……"

清廷对周汉的处理也颇为耐人寻味，延续了8年，周汉两次"被精神病"……

湖南境内的不少教堂、教会学校及慈善育婴堂，遭到了围攻和焚毁，财产被抢掠一空，西方传教士无法在此立足。而孔镜明就在这种背景下进入湖南，并结识了陈亭桥（音）。

陈亭桥出生于湖北石首一个富裕之家，父亲在外为官，乡间拥有大片土地。他像许多中国传统家庭的孩子一样，从小读孔孟之书，期望将来出仕为官，光宗耀祖。然而天有不测风云，在他三十岁时父亲忽然去世了。接下来，六兄弟争夺财产，家道由此走向衰落。

陈亭桥痛苦不堪，为了麻醉自己，他吸食鸦片，不料从此陷入不能自拔的境地。烟馆老板也是一个瘾君子，于是两人整天在一起吞云吐雾。

陈亭桥内心不甘就此堕落，几番尝试着戒除毒瘾，可一旦毒瘾发作，所有的誓言决心都抛到九霄云外。反复的挣扎中，陈亭桥耗尽了所有的钱财，就在他准备自杀了断生命时，烟馆老板试着给他指了一条路：

去外国人的教堂试试吧！

在强烈排外的社会形势下，陈亭桥明白去教堂会有什么样的后果。但他山穷水尽，走投无路，只好约烟馆老板一同去了教堂。

在那里，陈亭桥认识了孔镜明。

孔镜明告诉他们：若要成为基督徒，必须戒掉鸦片！

戒毒的过程充满痛苦。烟馆老板在煎熬中失去生命，而陈亭桥终于挣扎着挺了过来。

孔镜明为戒掉烟毒的陈亭桥举行受洗仪式，使他从一个瘾君子成为基督徒。重获新生的陈亭桥与孔镜明一起成立了戒烟会，经常现身说法鼓励大家远离鸦片。

1900年义和团风潮席卷湖南，内地会遭到巨大打击。戴德生1905年死于长沙。他的一生正如他所言："假使我有一千英磅，中国可以全数支取。假使我有千条性命，决不留下一条不给中国。"

《从瘾君子到传教士》扉页上所写文字：广南洋烟室（左）；石首福音堂（右）

1906年孔镜明返回加拿大。两年后，他希望到中国工作的申请得到美国美以美会批准，被派往四川嘉定。

孔镜明到嘉定后，写信让陈亭桥来嘉定帮助他开展工作。陈亭桥如约而至，在嘉定辛勤工作。1910年，陈亭桥在嘉定去世。孔镜明为纪念这位中国朋友，写下《从瘾君子到传教士》一书。

二

如果不是照片再现，根本无法相信乐山在民国时期会有如此壮观的学校：三育学校。而三育学校的前身则是嘉定海瑞丝纪念学校（The Harris Memorial School Kiating），由孔镜明夫人的家族捐建。

1908 年孔镜明来乐山之前，与 Caroline Harris 小姐举行了婚礼。

Harris 是当地一个富裕而有名望的大家族。Caroline Harris 小姐有姐妹兄弟共十一人，她在其中排行第七，美丽、聪慧，有主见。

婚后夫妻两人一同前往中国嘉定。不想来乐山两年后，四川保路运动风起云涌，各地纷纷组织保路同志会，与清政府展开激烈对抗。不少商人、百姓，甚至官员卷入其中，社会动荡不安。

嘉定海瑞丝纪念学校（The Harris Memorial School Kiating），即三育学校

孔镜明不得不与在四川工作的外籍人士离开中国。

辛亥革命之后，孔镜明偕夫人再次来到嘉定。之前，他们在土桥街修建的三育教堂和三育小学，在辛亥革命爆发后，人员四散，财物被洗劫一空。

加拿大孩子在四川的童年时光（云达乐提供）

　　孔镜明本想扩建学校，无奈中心城区地价攀升，手中的资金远远不够。正左右为难，一天，友人白思仁（J. R. Earle）来访，两人聊起学校的事。

　　白思仁也是加拿大人，以教育工作者的身份来乐山。白思仁希望在小学基础上发展一所职业中学，这个建议得到孔镜明的赞同。孔镜明认为职业中学涉及工业和农业，这些都需要实习基地，而目前这所学校场地太小，最好能在城外选一个地方。

　　两人商量一阵，决定抽时间到嘉定城外去转转，看是否能找到合适的位置。

　　几天后，白思仁约孔镜明出去散步，两人沿着大渡河向西走去，最后爬到城墙附近的一个荒山上。孔镜明放眼四处，脑海里忽然灵光一现：这不是建学校的最佳位置吗?！

　　接下来孔镜明向当地政府申请购买，这才知道那块看似不值一文的荒山，竟分属十个不同的家庭和团体！其中包括城隍庙和教育会。

孔镜明只好一家一家登门拜访商议，费了九牛二虎之力，终于与十个家庭与团体签署了租地合同。随后，他请建筑师苏继贤（Walter Small）帮助预算。

苏继贤也是加拿大人，1908 年到乐山，主持设计修建嘉定福音医院，其长子苏威廉就出生在乐山白塔街。

苏继贤告诉他，修建这样规模的学校至少需要 5000 元加币。孔镜明彻底犯难了！他手里只有 3000 元加币，而这笔钱还是岳母捐赠的，一想到这笔钱孔镜明心里就隐隐作痛。

原来 1914 年 5 月 5 日，孔镜明夫人的二姐 Annie Harris McDonald 去世。哪知还不到 6 天，孔镜明的岳父 William Harris 又去世。祸不单行，整个 Harris 家族陷入巨大的悲痛中。

想起远在中国嘉定，不能回家奔丧的七女儿与女婿，孔镜明的岳母做出一个惊人的决定：以 Harris 家族名义捐赠 3000 元给嘉定建一所学校留作纪念。

孔镜明筹建学校，用的正是这笔钱。

3000 加币在当时是一笔非常可观的财产。据有关资料记载，1920 年前后，1 加币大约兑换 2 块银圆。

启尔德回忆录记载，当时聘请一位华人教师，年薪 60 加币，聘请一位校工大约 20~25 加币。当时小康之家一个月生活费用仅需 15 块银圆左右。有的贫困人力车夫半年的伙食开支仅 1 块银圆。

如果 3000 加币不能建起学校，之前租地所花出去的费用就付之东流，孔镜明心急如焚。岳母知道后，与 Harris 家族的人又筹集了不足部分的经费。

清末中国儿童（谢道坚摄）

1916 年，这所占地约 30 余亩，位于乐山城西西湖塘附近的学校落成。

孔镜明为纪念捐资建校的 Harris 家族，将学校取名为 The Harris Memorial School Kiating（嘉定海瑞斯纪念学校），并在学校四周遍植树木，这成为乐山一道亮丽的风景线。

后来该校更名为三育学校。1938 年武汉大学西迁，1500 多名学生主要分散在乐山城区 7 个地方，三育中学是其中一处。传教士曾经居住的两幢中西合璧砖木结构小楼，分别更名为"梅庄"和"松柏楼"。

1939 年 8 月，日机轰炸乐山，投下 100 多枚炸弹，致使城区四分之三的街道和建筑被炸毁。位于土桥街的三育小学和三育教堂就在其中。

1946 年教会无力承担学校经费，将位于西湖塘的三育中学校舍转卖给乐山师范学校。

20世纪80年代末，乐山师范专科学校成立，校舍在三育中学基础上扩大。"梅庄"和"松柏楼"一度作为学校办公室。

20世纪90年代，乐山师范学校并入乐山师范学院，学院扩建时"梅庄"和"松柏楼"被拆除。

三

孔镜明到嘉定后感到虽然当地不像湖南那样排外情绪强烈，但是作为中国西部最有名的佛教圣地，他经常会遇到这样的尴尬情景：他满腔热情问："你接受洗礼了吗？"对方答："佛祖给了我祝福。"

延续千年的传统，使这座古城以及往来这座古城的人，给他的热情泼了一瓢瓢冷水。

在最初的五年，他的工作收效甚微。于是他尝试着改变方法，不再过多说教，而是从人们的实际需要出发。

1914年他创建了"万国红十字会乐山县分会"，地址最初设在皇华台的三育社内。

红十字会成立后先后开办了两个小规模医院：城北医院设在皇华台会址所在地；时疫医院设在圣泉井药王庙侧。两院同时也是红十字会中医送诊施药地点。

1924年"万国红十字会乐山县分会"改为"中华民国红十字会乐山县分会"。会员多为城区较大的工商业老板和绅士。会员每年捐助会费作慈善事业经费，还要负责劝募资金。红十字会还积极吸纳中医入会，对他们免收会费，但要求他们每年4至9月必须轮流到分会来帮助看病送诊，并且参与募捐救济。

乐山红十字会第二任救护队去犍为留影

募捐救济是红十字会的主要活动。每年由会长召开一两次理事会与会员会，主要是募筹夏秋两季施药和年终施米的资金。

1927年，红十字会用会员捐款2000元修沿河码头四处，即河街大码头、福泉门、迎春门和萧公嘴码头，以便轮船停泊运输。

红十字会每年免费送药给病人，送药时间从4月开始，到9月结束。

施米时间从农历腊月二十八到大年三十夜，共三天。

施棺木和施葬地由红十字办的慈善团体实施。红十字会购买的棺木存放在两处：一是红十字会会址；另一是得胜门外救苦寺。

红十字会还购买了山地：彭状元坟、青果山、石桅杆、一碗水等，用来埋葬穷人。

另外，红十字会办义渡，地点是凌云寺渡口、万福寺渡口和新路口渡口，行人过河免付船钱。

红十字会的建立对乐山慈善业起到积极的推动作用。之前乐山只有一个名叫"长生会"的民间慈善组织，主要负责打捞掩埋绕城三江中的浮尸。

船夫（云达乐提供）

红十字会成立后，其帮扶贫困、行善积德的行为受到百姓称赞，促使新生的民族资本家也介入其中，并学习仿效红十字会的一些管理方式。

乐山德兴隆商号老板杨兴泉就是代表之一。他于 1920 年与人合办的慈善机构——十善会，每年年底向贫困百姓发放大米和一些棺木。

1927 年十善会又创办了孤儿院，后又开办"乐山县孤儿院附属小学"。

1934 年乐山嘉裕碱厂老板黄远模创办了平民工读社，地址设在护国寺。平民工读社招收流落街头的乞丐和孤儿入学，同时还组织他们从事生产劳动，如纺纱、织布、打草鞋、粘纸盒等。

1940 年自兴慈善会成立。

1945年乐山知名士绅、商界人士又创办了救济院。

乐山红十字会成立，标志着具有公益性质的慈善事业在乐山开始起步，并由旧式善堂、善会向近代新型慈善团体转换，其管理方式更为先进科学。这不但在治病救灾等方面发挥积极作用，还对社会政策、社会思想等方面产生了积极影响。

四

孔镜明来乐山之前，已有十年在华工作的经历，再加上精通中文，了解中国人的生活习俗，这些给他在乐山开展工作奠定了良好的基础。

孔镜明知道大多数中国人更讲求"眼见为实"，于是筹划在嘉定成立一个公益机构，以赢得乐山人的尊重与包容。

这个机构名为"乐山中华三育社"。

乐山中华三育社秋季社员会全体会员留影。前排右五为孔镜明

为了使这个公益机构长期生存下去，而不是昙花一现，他特地起草一份会员章程，明确会员的权利与义务，以入会者交纳的会费维持机构的基本开支，同时会员可以优先享受机构的各项服务。他起草的章程得到大家的认可，在后期运行中产生了很好的效果。

　　孔镜明邀请乐山各界精英人士参与这个公益机构。

　　公益机构成立后，首先在城里建起一个公共洗澡堂和一个小型体育场。

嘉定行业协会开办的英语班，其中有 12 位是基督徒

　　他在《我们在嘉定做了什么》一书中写道："我们的公共澡堂不但是城里第一个，也是汉口以西地区最好的一个。由于中国人不习惯将澡堂建在室内，他们冬天通常不怎么洗澡。但是，新建的澡堂既暖和又舒适。"体育锻炼与澡堂"对于受过良好教育的富裕阶层来说，是一个迫切需求"。

　　接下来，孔镜明建立了一个阅览室，里面明亮宽敞，有舒适的桌椅。机构定期或不定期在阅览室开办讲座和夜校，内容涉及教育、卫生、英语等。

孔镜明的夫人还开办了一个幼儿园，幼儿教育在嘉定虽然是件新奇的事，但是效果非常好。

孔镜明夫人开办的嘉定幼儿园

后来公益机构又腾出了两间房屋用作学校教室，优先招收会员子女入学。学校招收了130名男孩，其中50个住校，孩子们都非常努力地学习。

公益机构开办四年后，逐渐得到社会的认同与赞扬，尤其是在洪水泛滥期间，小伙子们用课桌做成的木筏，无偿地拯救了成百上千的生命。

在他们的启发下，其他组织团体也纷纷效仿。而之前个别贪婪的船夫竟以每人5~10美元的价格去救人。这种鲜明的对比，使这个公益机构在乐山有了良好的口碑。

另外，他们还到乐山附近的县城与乡村，如井研县、马踏井乡、金粟乡等地建立学校，帮助农民耕种，以及帮助他们在食盐与白蜡贸易中更多获利。

五

　　民国时期军阀混战，地处水陆要冲的嘉定多次成为军阀们争夺的重镇，其中最大两次战乱分别在 1917 年与 1927 年。

　　1917 年 7 月 1 日，张勋拥清废帝溥仪复辟。溥仪委任原川军第二师师长刘存厚为四川巡抚。

　　孙中山正计划组织武力讨伐张勋，不料张勋已被原国务总理、皖系军阀段祺瑞的讨逆军击败。

　　段祺瑞重掌北洋政府大权后，通电各省拒绝恢复约法和国会，并派北洋军镇压南方革命。

出售麻花麻饼的商铺（云达乐提供）

　　孙中山电邀国会议员赴粤，并联络西南军阀共图推翻以段为首的北洋政府。

136　　桂、滇军阀各怀心思，暗中企图借护法旗帜，猎取湖南、四川等地，以便对抗段的武力统一政策。不久滇、黔、桂、粤等省约 15 万军队，从湘、川和闽浙分三路会攻北京。其中左路由云南督军唐继尧带领，他以护法讨逆名义，将滇军改称靖国军，通电讨伐刘存厚，发动靖国之役。

而段祺瑞调集了近 20 万人马，打算以主要兵力入湘，制服两广，以部分兵力夺取四川，制服滇、黔，进而消灭南方革命势力，实现武力统一全国。

1917 年北上的滇军逼近嘉定，孔镜明在回忆录中写道：

> 当入侵的部队逼近时，很多当地的名门望族来恳求我们给予帮助，主要是为保障儿童和妇女的安全。在此期间，我们为两千多人提供了庇护之所，看到他们安全后脸上露出的笑容，我们十分欣慰……

> 虽然驻扎嘉定的川军第八师陈洪范部凭借河流与城墙与滇军对抗，但是嘉定城很快被 5000 人的滇军攻破，本地的军队及官员纷纷出逃，在贸易商会的要求下，我们被迫冒着枪林弹雨过河，同入侵的部队讲和。我们也不辱使命，嘉州也免于生灵涂炭，整个城市的人民对我们十分感激……

滇军破城以后，孔镜明说服滇军首领确保医院里 30 多名川军伤员的安全，并答应收治照看 24 名滇军伤员。

为了避免双方发生摩擦，尽管医院很小，孔镜明尽量不让川军与滇军伤兵待在一起。

可不幸的是，一周后驻守乐山的川军又返回来了，他们冲到医院杀死了 20 名滇军伤员，另外 4 名伤员和留下的 8 名滇军吓得仓皇逃散。

孔镜明得知后，担心伤员得不到救治发生危险，急忙带人在城里四处寻找。途中遇到一队川军，他们挥舞刺刀恐吓孔镜明不得救助滇军，否则就统统杀死。

在救助滇军伤员的过程中，一名情绪激动的士兵，甚至刺伤了一位跟随孔镜明的救助人员，鲜血从背上喷涌而出。可是孔镜明并没有胆怯，依旧四处寻找受伤的士兵，最终一一找到他们，并在危险中偷偷照顾他们至完全康复。

"与此同时，拯救民众、城市重建、社会及教育工作都还在继续着。"孔镜明在回忆中写道。

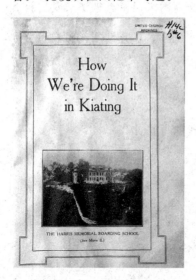

孔镜明所著的《我们在嘉定做了什么》

1927 年，嘉定再次遭到战争荼毒。这场战火因杨森与刘湘之争引发。他们两人曾经是上下级，不过属不同的军阀派系。杨森曾属于滇系，是护国战争时期从云南打到四川的滇系军阀将领之一，而刘湘则出身于川军。1926 年 10 月，杨森接受国民政府任命的国民革命军第二十军军长兼川鄂边防总司令之职，可暗中却继续担任吴佩孚任命的"讨贼联军第一路总司令"。

后来刘湘等川军将领通电讨伐吴佩孚，杨森却接受吴佩孚任命的四川省省长之职，并自封为"援鄂川军总司令"，配合北洋军阀向北伐军进攻。

1927 年，刘湘的川军与杨森部队在嘉定交战。杨森的军队退守嘉定城，以城墙和河流为屏障顽抗。

川军则在城外将嘉定城围得铁桶一般，双方各不相让。围城10天后，川军传信：如再不开城门投降，将用炮火将嘉定城夷为平地。

消息传出后，城中一片恐慌。守城军官与乡绅、商贾和在乐山城的外籍人士代表聚集在一起商议对策。有人提议派人出城谈判，可是谁也不愿意冒生命危险前去，大家一筹莫展。

孔镜明与夫人

孔镜明主动请缨，决定以红十字会的名义出城去与川军谈判。

这时又有人担心城门一旦打开，川军势必趁机冲进城来，嘉定城不攻自破。

于是，孔镜明只好找来一只箩筐，自己坐在其中，然后让人用绳子拴着沿北门城墙缒下，举着红十字旗帜前去川军大营中谈判。

川军首领万万没有想到来谈判的是个西洋人，惊讶之余也对他的勇气表示佩服。

孔镜明以勇气和智慧，终于化解了一场即将发生的灭顶之灾。嘉定城里的百姓幸免涂炭。

六

孔镜明一生充满了戏剧性与传奇色彩。由于他先后使用过不同的英文和中文名字，这使我在最初收集整理他的资料时，时常陷入困境。

直到在加拿大档案馆读到他留下的书籍，以及其他人书中对他的描述，这许多零散的碎片才串联起来，冰释了我心中的许多疑点，让我不但对他的经历有较为清晰的了解，也对 20 世纪 20 至 40 年代的乐山有了新的认知。

在我目前掌握的资料中，他有三个中文名字：孔镜明、孔昭潜、孔镜湖。

孔镜明全家

1942 年，孔镜明带妻子与孩子们离开乐山返回加拿大，从此再没有来过中国。他也与曾经在乐山工作过的其他外籍人士几乎没有联系，杳无音讯。

后来我通过在加拿大的朋友四方寻访，多番周折之后，终于找到他的一位外孙女。可遗憾的是，她对自己外公和外婆在嘉定的往事所知甚少。她说外公外婆行事低调含蓄，把自己对中国的付出视为一份应尽的责任，不喜张扬。

从加拿大返回乐山，我按孔镜明书中描绘，一一去寻找当年他在乐山建的学校、诊所、公共浴室、慈善会等遗址，可是时间不过百年，却几乎看不到任何遗迹。

战乱、变革、旧城改造，让这一切消失得非常彻底。

我还是不死心，四处寻觅，希望能在乐山找到一点物证，哪怕只有一点点，想以此稍稍对应加拿大多伦多档案馆丰富的资料。可是一无所获。

就在我万分失望时，似乎是上天对我苦心寻觅的安慰，终于让我意外得到孔镜明最后的消息！

当年的拱桥（云达乐提供）

2014 年冬，我到峨眉山采访黄建怀老人。他告诉我由于爷爷的影响，他父亲与他本人都是天主教徒。聊着聊着，他转身从屋里的抽屉里翻出一张陈年文契给我看。

由于受潮和虫蛀，纸张四角破损且有些糟朽。我打开仔细一看，不由大吃一惊。

这份 1948 年的房屋买卖契约，竟是孔镜明委托白恩（R. L. Bacon）帮他卖掉在峨眉山新开寺的房屋的契约。墨汁书写的文书清晰完整，唯白恩蓝墨水签名有些模糊。

房屋的购买者正是黄建怀的父亲黄银山，以"壹拾双市石"上等大米购买。契约签署时间是"民国三十七年八月"。

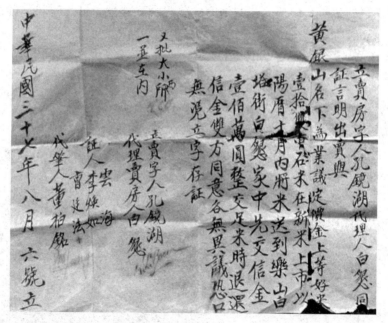

1948 年峨眉山黄银山购买孔镜明（孔镜湖）的房屋买卖契约

"壹拾双市石"是旧式计量单位。壹市石，当时为 100 斤，"双市石"为贰市石，即 200 斤，"壹拾双市石"相当于今天 1000 公斤大米。

孔镜明在嘉定付出了毕生精力，乐善好施，成就巨大。回国时，最终除行李之外，他仅带走价值 1000 公斤大米的财物！

黄银山购买的孔镜明房舍，在 20 世纪 50 年代土地改革与"大跃进"运动中不复存在。

在文幼章之子文忠志保存的新开寺住户名单以及别墅分布图中，我看到孔镜明的别墅为18号。

峨眉山新开寺是乐山的另一种文化符号。

细细一想，乐山之所以能成为中国历史文化名城，不能不说得益于乐山对外来文明所秉持的宽容吸纳态度。

乐山古代接受了佛教文化，近代接受了基督教文化等许多外来文明的精髓。可谓是：兼容中外，并蓄古今。所以乐山的文化具有中西结合、多元发展的独特性。

黄建怀老人正是西方文明在乐山传播的受益者。在大部分峨眉山山民无缘读书求学时，他能进入教会开办的学堂。成年后，他因为能写会算，有一手工整的毛笔字，曾经担任公社的秘书。

他大哥早年的愿望是当一名神父，并为此进入位于雅安草坝的神哲学院（亦称中修院）学习。为了学好拉丁语发音，他大哥甚至把舌头抵在墙上练习。无奈，时代变迁的大浪击碎了黄建怀大哥的梦想之舟，最终他大哥只能返回乡间做了一名农夫。

在乐山漫长的历史长河中，有许多闪耀的星星，孔镜明是其中一颗。我们应该铭记他！

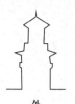

第六章　洋鲁班苏木匠

一

苏继贤

苏木匠是人们对加拿大杰出建筑师苏继贤（Walter Small）的昵称。他于1908年偕妻子来到四川。当时四川动荡不安，而苏继贤似乎并不惶恐，四处考察川西民居以及各种本地建筑材料，兴奋而又快乐。

由英国、美国、加拿大三国的五个差会筹建的华西协合大学，正在紧锣密鼓地进行着校区建筑筹划，而校舍修造颇费思量。苏继贤来四川正是受差会委派前来参与策划。也许他没有想到，就此在四川停留了42年。

转眼百年过去，当年许多人和事随时间流逝逐渐模糊，可苏继贤设计修造的建筑仍旧屹立，用无声的语言讲述那流逝的往事。

　　华西协合大学是中国西部第一所大学，它该建成什么风格？华西协合大学筹建者们一直在思考。

当时在中国前卫一些的建筑只有上海圣约翰大学、北京协和医学院，以及燕京大学。

可是筹建者们不想模仿照搬，希望既有独特的风格，又能让中西方人都认可。

经过反复考量，他们在 1912 年举行了国际化的设计竞标。在许多设计方案中，英国著名建筑师荣杜易（Fred Rowntree）的方案中标。1913 年，荣杜易应华西协合大学理事部邀请，先考察北京古建筑，其中包括故宫等代表性建筑，再考察川西传统建筑，随后把这些中国古典建筑原理和元素全部融入了设计当中。

荣杜易完成设计后就离开成都，从此再也没有来中国。

要把美丽的蓝图变为现实谈何容易！

首先是中国古典屋顶如何与西洋建筑契合；其次是石灰与瓦的烧制；再有深山伐木如何顺江漂流并搬运到学校；最后还有进口玻璃与铁钉等。而最难的是教中国工匠如何施工。

因此这个工程从 1907 年筹建到 1949 年结束，前后耗费几十年时间才在华西坝上矗立起二十多幢大型建筑，可谓精雕细琢。如今保存下来的建筑大多被列为全国及四川省重点保护文物。

在实现荣杜易设计蓝图的过程中，三名加拿大建筑师立下汗马功劳，他们分别是：李克忠、叶溶清、苏继贤。

而这三人中又以苏继贤影响最大。他不但在 1925—1950 年期间担任华西协合大学建筑总工程师，还主持修建了老图书馆、钟楼、化学楼等经典建筑。这些建筑在 20 世纪 90 年代初，被国家建设部列为全国近代优秀建筑，后来又被四川省人民政府列为文物保护单位。

而他在华西协合大学之外还有许多杰作，其中就有嘉定福音医院，以及后来扩建的乐山仁济医院。

由于华西协合大学在计划开学三年后才开始大规模修建，因此苏继贤在参与建筑设计方案后便到达嘉定，着手设计修建福音医院。

自启尔德在嘉定瞻峨门租民居开办西医诊所，到文焕章在白塔街购地准备建医院，前后历经十多年。其间因教案和辛亥风云，社会动荡不安，诊所也几度关闭，医院修建一直难以实施。

苏继贤作品之一华西钟楼

为了让嘉定人接受外来文化，苏继贤在建筑外形设计上采用中国古典建筑的形式，并借鉴庙宇与川西民居特色，将青砖灰瓦和飞檐斗拱融入西洋建筑中。在尽力渲染东方色彩的同时，他又将楼基、墙柱、砖墙、门窗作西式浮雕装饰，使中式建筑充满异国情调。

嘉定福音医院不光外观中西合璧，居住使用起来也比传统中式建筑舒适方便，它高大宽敞，通风采光良好，易于防火，而且屋内有壁炉、卫生间等。在当年乐山城内大多为穿斗木构、狭窄低矮的平房中，嘉定福音医院如同一道耀眼的风景线。

同时，苏继贤为了饮水方便清洁，还在山坡上打了一眼井。每到夏季，他就把一些食物放在竹篮里再垂到井下，不但能延长保质期，还使一些食物口感更好。

医院修建筑初期，雇佣来的当地工匠不知如何操作，苏继贤便手把手教。再不会，就嘱咐：慢慢来。

他要求精雕细琢，尽善尽美。四川方言把做事动作缓慢称为"磨"，如果一个人手脚不麻利，就会被人指责为"磨得很"。苏继贤认为慢工出细活，初学的过程"磨"一点没关系，质量好是要紧。因为他经常说"慢慢来"，便有人议论这个洋人做事"磨"，为洋人做工也可以"磨"。"磨洋工"一词最初就是这样演化而来。

苏继贤设计的嘉定福音医院1924年竣工

附近百姓见苏继贤心灵手巧，又不摆架子，喜欢与大家摆龙门阵，还不时请工人喝茶，便亲切地称他"苏木匠"，也将他比作中国的鲁班。

中国过去是以农耕为主的国家，有技能的人受尊重，称手艺人，如木匠、泥水匠、铁匠等。四川民间谚语"天干（旱）饿不死手艺人"，就是指有技能的人不因气候和地理环境变化而受到生存威胁。

苏木匠在大家眼里是一个能干和蔼的手艺人。医院修建过程中，不少当地木匠向他讨教，而他也从中国木匠身上学到不少中国古建筑的诀窍。

苏继贤主持修造的乐山福音医院，中西合璧，既美观，又实用，得到中外人士的一致认可。

乐山是一座历史悠久的城市，其建筑特点是青瓦、白墙、青砖、吊脚楼、雕花窗等。因为地处水陆码头，乐山的建筑也带有一点移民文化特色，如陕西会馆、云南会馆等。

不过，乐山开放性和国际性的标志之一，是中西合璧建筑。

从福音医院到仁济医院、白塔街西式院落、嘉定教文馆一线，形成一条中西合璧建筑带。

后来随着建筑材料的进步，有了水泥、钢材等，有官员和富商开始仿效修建洋楼。于是有了王陵基故居、职业技术学院的老办公楼等。

甚至一些民居也修造了中西合璧的门头。虽然经历战乱、"文化大革命"，以及后来的大规模城市改造，大部分清末民国时期的中西合璧建筑已经消失，但它们对乐山建筑产生的影响并没有消亡。

在今天越来越多的城市千城一面时，更多人意识到那些个性建筑的价值。

的确，城市就像一个人，有自己的个性。一些老建筑往往就是一座城市风格最直观的体现，也是我们可以触摸的历史！

二

苏继贤建筑之外的得意之作是他的孩子们。其中长子与次子最让他引以为荣。

青年时期的苏威廉

他的四个孩子都出生在中国，在修造乐山福音医院期间，长子苏威廉于1917年出生在白塔街。在此之前，启真道、文幼章等人也出生在这里。

那时乐山白塔街是西方人士的聚居区，附近相继修建了福音医院、凤翔女校、进德小学、进德幼儿园等，是西方文明进入乐山的一个汇集点。

苏威廉从小聪明好学，在"CS"学校完成初中课程后，返回加拿大读高中和大学，然后再回到中国工作。

1941年，年仅24岁的苏威廉就担任华西协合大学的会计主任及英语讲师。

苏威廉兴趣爱好多样，是一个特别能营造快乐气氛的人，不但能讲一口流利的四川话，还能做地道的四川菜。据中加友协的朋友们回忆，每到中国春节，他都会邀约中国朋友，以及曾经在中国工作过的加拿大朋友聚在一起，做一大桌四川菜，如：麻婆豆腐、回锅肉、鱼香茄子等。

他还会讲许多过年讨彩头的话，如"恭喜你发财，元宝滚进来，滚进不滚出，金银堆满屋"，等等。

老年时期的苏威廉

苏威廉夫妇新婚照

苏威廉20世纪50年代初从四川返回加拿大，在约克大学任教，后担任副校长一职。1972年他与人发起和创办了加中友好协会，并担任友协会长至1999年。

他的第二任妻子Shirly是文幼章的小女儿，走遍世界各地的苏威廉与Shirly的蜜月旅行却选择到乐山。

2015年秋，我到加拿大多伦多乡间拜访了苏威廉的长女Lornaine Small。Lornaine Small的中文名是苏洛文。她的家在绵延无际的枫树林中，附近阒寂无人，如果没有GPS指引，根本无法找到，说不定早在森林里迷路了。

我们沿着一条碎石小路左拐右转，直到尽头，才看见那幢古朴敦实的木质楼房。

房屋成正方形，尖尖的屋顶伸入五彩斑斓的枫叶中，如同童话中外婆温暖的老屋。宽大厚实的木材并没有花工夫去平整刨光，而是按一定尺寸用电锯切割，便砌成外墙和人字屋面。

据介绍，这种以松木和橡木建造的房屋保温性远比混凝土房强，在寒冷的冬季会给人们带来温暖的感觉。而当雨季来临时，木材又能调节湿度，当湿度大时木屋会自动吸潮；阳光照射时木质纤维细胞又会释放水分，起到天然的调节作用。

木屋的门窗上没有任何装饰，唯一的点缀是大门上镂空雕刻的两个中文繁体字：歡迎。这是苏威廉的杰作。

Lornaine Small 在森林中的别墅，大门上刻有中文繁体字"歡迎"

跨进门，迎面是柔和明亮的客厅，巨大的壁炉直伸屋顶，将秋风寒雨笼罩下的屋子变得温暖如春。客厅里陈设简单，却在细节处透着舒适温馨。楼梯、长桌、凳子、柜子，每样家具都非常结实。

Lornaine Small 说，这些都出自丈夫之手。

原来苏木匠的孙女婿也是出色的木匠！Lornaine Small 的女儿正好带着两个外孙回来看外婆，一个五岁，另一个不到一岁，两个孩子赤足短裤在地毯上玩耍，黄发蓝眼，活泼可爱，如同天使一般。

Lornaine Small 告诉我，1952 年与父母离开四川时她就像她的长外孙一样大。那年五岁生日时，父亲特地送她一只"龙凤呈祥"的瓷杯。父亲说在中国龙和凤代表吉祥如意，希望女儿一生幸福吉祥。又说父亲很喜欢中国瓷器，至今家里使用的碗碟盘壶中，不少是他当年从中国带回故乡的。其中一把紫砂壶，油光锃亮，是苏威廉的心爱之物，上面刻有"至人无异报，静士得长生"。

苏威廉用过的紫砂壶，上面刻有"至人无异报，静士得长生"

苏威廉送给女儿五岁的生日礼物：龙凤瓷杯

作者（右），苏威廉的女儿（左）及重外孙

苏威廉的外孙女（中）以及她的两个儿子

Lornaine Small 曾在 2000 年与父亲返回四川，受邀参加华西协合大学与四川大学的合并典礼。父亲无限感慨，他的一生见证了华西协合大学的发展、壮大与转折。

分别时，Lornaine Small 送我一大瓶她自己做的枫树糖浆。每年 3 到 4 月，当早春冰雪开始融化，枫树根部

苏威廉的重外孙对远道而来的中国客人十分好奇

储存的淀粉开始转化为糖时，Lornaine Small 就选择在树龄 40 年以上的大树干上钻孔，树液会顺着孔慢慢滴出。最后她把收集到的树液熬制成糖浆。

通常 40 公斤枫树汁液才能加工出 1 公斤枫树糖浆，来之不易。加上枫糖含有丰富的矿物质和有机酸，热量又比蔗糖和果糖低，能补充营养不均衡的虚弱体质。因此，天然枫树糖浆深受人们青睐。

三

苏约翰

苏继贤的二儿子苏约翰（John Small）1919年出生在成都，童年和少年在"CS"学校读书。他娴熟的中文以及对中国的了解，使他在1972年出任加拿大第二任驻华大使。

加拿大是西方较早与中国建立外交关系的国家之一。当年在中国工作生活过的加拿大人士以及他们的后代起到了积极作用。

说起加拿大与中国建立外交关系，还有一段鲜为人知的传奇往事。

1968年6月24日，加拿大自由党在大选中获胜，老特鲁多出任总理。他执政后准备在对华政策方面与美国拉开距离，希望能与中国建立外交关系，开展经济贸易多方面合作。

而在他之前，加拿大的执政者多是唯美国马首是瞻。

20世纪50、60年代，中美关系形同水火，加拿大自然与中国关系冷淡。

可是老特鲁多1948年曾到过中国，对中国有一定认识。中国是他结束伦敦博士学习后，骑摩托车周游世界的一站。哪知他刚到中国南方不久，就遇上解放军大军南下。虽然战火让他不得不匆匆离开，但是文明古国的神秘与神奇，以及朝气蓬勃的新生力量让他难以忘怀。那一年他正好 29 岁，转眼 20 年过去了。

老特鲁多在出任总理前 3 个月，曾就中加建交一事向美国总统尼克松探询，后者对他说："加拿大与中国谈判建交是不明智的。"

老特鲁多内心不以为然，但表面并未动声色，决定要干一些"美国不同意、也不喜欢的事，就算是老虎尾巴也要扭它一下"。

根据老特鲁多的授意，加拿大外交部开始秘密行动起来，准备找机会试探一下中国政府的态度。

20 世纪 50 年代中国与加拿大一直没有往来，再加上 1950—1953 年的朝鲜战争，中国、美国分别支持朝、韩双方。美国驻联合国代表向安理会提交了行动议案，授权组成联合国军队。帮助韩国的英国、土耳其、加拿大、泰国、新西兰、澳大利亚、荷兰、法国、菲律宾、希腊、比利时等国也派小部分军队参战。于是，加拿大与中国处于对立状态。

这场战争加拿大阵亡 516 人，负伤 1042 人，在双方心中都是一个结。

哪里能找到与中国官方接触的机会？何处才能不引人注目？

经过仔细筛选，发现瑞典首都斯德哥尔摩的外国使馆区里，中国与加拿大两国的大使馆相距较近。而且在加拿大驻瑞典大使馆工作人员中，有一个人出生在四川，也是在"CS"学校长大的孩子，与苏约翰等人有相似的经历，熟知中国风土人情，能讲一口流利的四川话。

这让加拿大外交部喜出望外。瑞典是中立国家，同时又远离中国与美国，在那里摸底谈判真是个神不知鬼不觉的理想之地！

于是，一番精心安排之后，一个看似偶然巧合的故事发生了：

一天，瑞典首都举行大型庆典活动，各国驻瑞典大使及随行人员受邀前来，在欢乐的气氛中，一位加拿大来宾不小心撞上中国来宾，

"哦，对不起，实在对不起！""没关系，你的中文太好了！在哪里学的?"几句中文，距离一下子拉近了。鲜花、美酒、音乐，彼此交谈甚欢，仿佛多年未见的朋友。

世界上看似巧合的事其实都是机缘成熟。当加方的意愿传到北京时，中方高层也正有此意，于是双方开始在瑞典秘密会谈。

谈判并非一帆风顺，在进行了 14 轮会谈后，终于在 1970 年 9 月 17 日达成协议：中加正式建立外交关系！

苏约翰从 1958 年起就被加拿大政府派驻香港，负责与中国的小麦贸易。

加拿大是全球第三大小麦出口国，它的小麦价格甚至对世界粮食价格波动产生影响，因此一直由政府控制。直到 2012 年，加拿大政府才通过立法解除了小麦局的销售垄断地位。

而人口众多的中国是粮食进口大国之一，苏约翰肩上的责任自然非同小可。由于他主持的中加粮食贸易政绩显著，加拿大政府 1972 年委任他担任加拿大驻华大使。

2012 年，苏约翰的女儿 Patricia 来成都参加加拿大老照片展时，回忆道："父亲在中国担任大使时与时任美国驻中国联络处主任老布什来往密切。他们常一起去打网球、骑自行车出游。当时我在加拿大读大学，每年放假都会回中国，也曾一起外出骑自行车。"

在谈及爷爷时，她说："'苏木匠'这个名称被我们视为家族的荣誉。"

正如苏威廉喜爱的紫砂壶上镌刻的那句"至人无异报，静士得长生"，苏木匠家族的人大多长寿，苏继贤享年 88 岁，苏威廉享年 86 岁，苏约翰享年 87 岁，而苏约翰的妻子 95 岁依然健在。

第七章　谭国梁的八载春秋

一

2015 年秋，我在加拿大采访了谭国梁的外孙女 Charlotte Thomas。她的母亲是谭国梁夫妇的长女，名叫 Ruth，生于1908 年。

Charlotte Thomas 专程从美国赶来参加"CS"聚会。一见面她就问我："嘉定（乐山）人如何谈论我外祖父？没有说他不是吧？哦，大约还在说白塔是被他拆除的吧？当地人传说白塔有不可思议的魔力，阴影所到之处

作者采访谭国梁外孙女（左）

不能生儿子，更别说他为修建医院拆除了白塔……"

Charlotte Thomas 性格开朗，除了年龄保密以外，其余无所顾忌，有问必答。

"白塔的魔力影响到你外祖父了吗？"我问。之前曾听说谭国梁没

有儿子，原因与他不听劝阻拆除白塔有关。

不想 Charlotte Thomas 哈哈一笑，有些得意地说：

"白塔的魔咒在我外祖父身上没有应验！他先前可能还有点担忧，接连生了五个女儿。他的同事也认为他被白塔的魔咒言中了。不想后来峨眉山给了他一个儿子！我的舅舅 LeRoy 出生在峨眉山。这让我外祖母外祖父非常开心。我外祖父善良、仁慈、吃苦耐劳，有奉献精神，上天会帮助他实现愿望！"

谭国梁（右）与乐山地方官员（左）

Charlotte Thomas 一边展示从美国带来的老照片，一边向我讲述其外祖父在嘉定的往事。

他的外祖父谭国梁和外祖母最初在四川彭县（今彭州市）从事医疗工作，二女儿就出生在那里。1916 年谭国梁被任命为嘉定福音医院院长，于是他偕妻子大女儿一同前往乐山。

虽然嘉定福音医院在他之前有过几任院长，但是由于遭受义和团的焚毁，以及后来在大革命（辛亥革命）中有人趁火打劫，医院几度关门。到他上任时，医院只有几间房子，以及简单的设备。

谭国梁和妻子初到嘉定时非常失望。医院的状况令人沮丧，居住的环境也很糟糕，房屋不透气，四周笼罩着难闻的气味。夏季闷热难耐，蚊子苍蝇异常凶猛，他们的皮肤似乎特别吸引蚊子，经常被叮得坐立不安。

玉凤山的白塔与白塔街上的教堂和西方人的住所

青年时期的谭国梁

谭国梁妻子青年时期

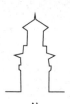

谭国梁一家曾经居住的嘉定妇女传教会

更让他们感到不妙的是，被委派到此工作的另外两位医生病倒了，其中一位病情不断恶化，最后医治无效死亡。

在大渡河边安葬了这位加拿大医生后，在无比的悲伤中，谭国梁的妻子决定带孩子返回美国。

谭国梁反复安慰妻子：我会重建一座好医院，也一定给你一个理想的家！

其实，谭国梁到嘉定后就萌发了另外选址建医院的想法，只是觉得时机还不成熟。

加拿大医生的死，以及妻子的想法促使他加紧实施修建医院的计划。他一方面向总部申请经费，一方面开始寻找建医院的合适位置。

谭国梁全家

经过反复考察比较，谭国梁认为白塔街后的玉凤山比较合适，一是地势比较高，通风透气；其二离原来的医院很近，将来可以将原医院做门诊所。更主要的是玉凤山上几乎是一片荒地，原来有一座寺院，由于年久失修而破败不堪，仅存一座破败歪斜的九层砖塔。

谭国梁以为这块土地的价格会比城里低很多。于是他兴冲冲收拾一番，正式去拜访嘉定官员，准备商议购买土地一事。

到了嘉定县衙，谭国梁才知道要购买这块土地并非易事。

嘉定城西瞻峨门。最初的西医诊所就是在城墙下租民居开设

原来大清的律法不允许出售土地给外国人，外国人使用土地只能租用。1911年大清王朝覆灭以后，一些法律条文才发生了变化。不过玉凤山那片土地情况比较特殊。山上的寺院几度兴衰，现在已荒废，唯一完整的建筑仅存白塔。但土地却在辛亥革命后卖给私人，出售时有一个附加条件就是不得转卖给外国人。

此地的购买者正是这座寺院原来的和尚，俗姓董。由于寺院无钱修缮，原有的几个僧人先后离开另谋生路。他是其中年纪最大的，不想背井离乡出去闯荡，独自住在其中一间破屋中，靠替人算卦糊口，附近的人称他董和尚。

辛亥革命后董和尚还俗，新政府以150个银圆将寺院原有的土地以及白塔作价卖给他。

这位官员劝谭国梁最好不要购买这片土地，因为嘉定的百姓和驻军大都信奉佛教，即便寺院遗址也有人去烧香。他们一旦得知西方传教士购买寺院土地，说不定会引起激烈冲突。云云。

谭国梁曾经给这位官员的家人看过病，一来二往两人也比较熟。二人还曾到彼此家中做客。但在购买这片土地上，官员一改平时的态度，摆出公事公办的样子。

谭国梁觉得官员的提醒有些好笑。所谓白塔魔咒如同巫术一般，一个拥有现代医疗技术的大夫怎么会相信这些？

告别了官员，他立刻去拜访董和尚，准备与他好好谈一谈修建医院带给嘉定百姓的利益。不想见到董和尚才说了两句，对方得知他想购买土地，立马冷下脸让他死了这份心。

谭国梁不甘心，又通过其他人帮助沟通，得到的结果一样：不卖！

嘉定医院的部分工作人员与病人

还有好心人提醒谭国梁：最好远离这座白塔，当心中了白塔的魔咒生不了儿子！

谭国梁一筹莫展，就在准备另外选址时，一场突如其来的战事，使陷入僵局的事情出现了意外的转机。

二

1917年夏季，嘉定城笼罩在动荡不安中，战争的气氛一日比一日浓烈。

辛亥革命推翻清王朝不久，国内又陷入军阀混战。北上的滇军逼近嘉定城。一些有钱人赶紧携带细软躲到乡下，商家也纷纷关闭店铺，整个城市一片恐慌。[1]

谭国梁（第二排右一）与教友们在嘉定教堂

川军在嘉定城进行军事部署时，发现玉凤山是一个绝好的战略要地。从这里可以俯瞰大半个嘉定城，炮弹的射程能阻挡渡河而来攻城的滇军。于是，川军连夜在玉凤山修筑工事。

---

[1] 相关战事和背景，详见本书第五章第五节文字。

驻守嘉定的川军指挥官知道一旦开战，死伤在所难免，医疗救护十分重要。当他听说美国医生谭国梁欲买玉凤山土地建医院受阻一事时，立刻计上心来，准备与谭国梁做一笔交易。

谭国梁在嘉定的名片

他对谭国梁说，他可以帮助谭国梁获得这块土地，条件是一旦开战，无论是枪林弹雨，还是大雨滂沱，谭国梁都必须打着美国国旗带领医护人员前去救助伤员，哪怕穿越湍急的河流也必须如此，等等。

这位军官知道美国人在中国享有特殊的地位，无论哪一方的军队都不敢向美国人开枪。

谭国梁问军官用什么办法说服董和尚出卖土地。军官称自有妙计，待战事一结束就会见分晓。

其实在军官看来，从一个平民百姓手里强行购买土地并不难，只是不能告诉这位美国人。眼下最重要的是让外国医生们为自己的军队服务。

谭国梁答应了军官的要求。

可是河流、城墙与大炮并没能阻挡滇军的进攻，嘉定城眼看着就要被攻破了，正在抢救伤员的谭国梁却一无所知。直到一名护工回来，他才知道川军已开始逃离。

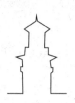

青年时期的谭国梁

谭国梁购买塔子山土地（玉凤山）合同

166

护工告诉他，嘉定商会的负责人去了教堂，希望教会能派人出城，与即将破城的滇军讲和，以投降换得免除对城中百姓的杀戮。

谭国梁赶到教堂，一名加拿大传教士孔镜明自告奋勇担任信使，冒着被扣押为人质的危险前往滇军指挥部。

加拿大传教士没有使用美国国旗，而是拿着红十字会的旗帜。讲和的结果是滇军同意停止炮击城市，但川军必须全部离开嘉定，而教会医院也须无条件收治滇军伤员。

待战事终于结束，川军又返回嘉定之后，这位信守承诺的中国川军军官帮助谭国梁说服董和尚卖地。谭国梁也多次拜访董和尚，与他交朋友，送礼物，这块地最终以 1500 美元成交。

土地买卖交易完成后，接踵而至的麻烦让谭国梁意识到烦恼才刚刚开始。

三

谭国梁购买下玉凤山的土地后，才发现那片区域里有几户棚户居民，十分棘手。他们在这里生活了很久，有的家族甚至有四百年了，却没有土地的合法权利。

于是为了妥善搬迁和安置这些棚户居民，谭国梁进行了长达一年的努力。

居民搬迁之后，谭国梁终于松了一口气，以为新医院很快就能破土动工了。哪知正要拆除白塔，又引来一场风波。

一些人以白塔建于宋朝，是城中古迹为由，阻止拆除，甚至还有人欲将谭国梁告到官府。

谭国梁本以为自己有了这块土地，以及这块土地上建筑物的所有权，就可以自由支配。哪知在中国办事并非如此，合法权利会受到传统观念与道德的挑战！

嘉定官员为了平息风波，请来各界人士商议，经过激烈的争论，最终拆除白塔建医院的呼声占了上风。

刚经历了滇军围城之战，许多人感受到医疗对民众有更直接、更现实的作用。

屹立千年的玉凤山白塔就此被拆除。

在《乐山县志》对白塔的描述中有"经众议拆毁"的记载。

谭国梁本人也通过此事对中国文化有了更深的了解，知道塔是佛教建筑物。塔最初是佛教徒用于供奉佛的"舍利"，后来用于供奉佛像或经卷，也有一些用于供奉高僧的遗骸或遗物。随着佛教在中国的广泛传播，各地广造塔寺，开凿石窟，雕造佛像。

谭国梁一家在嘉定住所的花园里

乐山是佛教圣地，古塔建筑多种多样，大致分为楼阁式塔和实心塔两种：楼阁式塔，内有塔室，可以攀登凭眺；实心塔，是用砖石等材料砌出的实心体，不能登临。

玉凤山上的九层白塔属于后一种。

一天，玉凤山上来了一位云游道人，他对谭国梁说，拆除白塔建屋，必会断子绝孙。

那时中国人的观念里认为"不孝有三无后为大"，断子就是没有儿子，没有儿子自然绝孙，这是一件令人害怕的事。

可是，身为医生的谭国梁，对生男生女自有一套完整的医学解释，岂会听信一个江湖术士之言？再则，对"不孝有三无后为大"中的"后"仅是儿子的看法，他并不认同。

即将开工的医院由加拿大建筑师苏继贤设计。苏继贤将医院设计为中西合璧式砖木结构，即墙柱等承重部分采用砖砌，横向的梁、楼板、屋面板等采用木料。

谭国梁夫妇的六个子女。前排：Ruth、Rachel、Edna；后排：Margaret、LeRoy、Betty。拍摄于 1933 年

50 年后合影，谭国梁夫妇的六个子女每个人都在同样的位置

可是他们遇到一个棘手的问题：请来的中国工匠不会制砖，他们以往多修建木质房舍。

苏继贤和谭国梁对此也一窍不通。

于是谭国梁亲自去寻访烧砖匠人，并向他们学习选择土壤、制坯、建窑等各种工序，历经实践，他几乎已经成为一个出色的制砖匠人。

Charlotte Thomas 在回忆她的外祖父时说，外祖母曾经告诉她：你外祖父除了医疗技术之外，还有一门好手艺，就是制砖！

在解决了制砖难题之后，接踵而至的就是木材来源。

嘉定城周边的树木偏小，硬度也不够，只好往山里寻找。那时运输大都依赖河流，因此只能溯流而上，最终在距离乐山百里之外的峨边彝族地区才找到满意的树木。

在无数次讨价还价之后，伐木开始。伐好的木材由人力搬运到河边，顺大渡河漂流而下，再到嘉定城斑竹湾捞上岸来。

这个过程花费了整整两年时间，其间，遭遇过洪水、暴雨、滑坡等许多意想不到的突发事件。待木材运上玉凤山，又被锯成各种尺寸，然后刨平、推光，工序烦琐复杂，一切皆是手工。

1923年谭国梁一家与朋友在新建的医院楼顶

从修建医院的脚手架上可以俯瞰岷江、青衣江、大渡河

由于建筑设计融入大量西方元素，聘来的中国工匠最初不知该如何操作，因此每一步都需要花费大量时间和耐心——教授。

我们今天能见到无数气势恢宏的大医院，可是，无论是建筑材料还是装饰材料无一不是从流水线批量而出，千人一面地出现在各地。而那时新建的嘉定福音医院每一个部件都是量身定做，房屋建筑也是因地制宜，具有无法替代的唯一性，是那个时代乐山最杰出的建筑之一！

1924年建成的嘉定福音医院。图中的孩子是谭国梁的三女儿 Edna Barter

1924年，耗时七年的嘉定福音医院终于竣工，独特的建筑风格使嘉定人耳目一新、叹为观止。

当时嘉定以及周边的民居多为单层、人字形屋顶的房舍，极少有双层建筑。仅庙宇或宫殿建筑比较高大，重檐歇山，砖木结构，庭院布局按中轴线对称。

福音医院不但外观中西合璧，更主要的是突破了明清以来单层建筑的方式。楼高两层，带走廊阳台，别具一格。而院落依然采用典型的中国园林中轴线对称的方式，地面铺上三合土，四周种植树木和花草。

1924 年竣工的嘉定福音医院

整个建筑花费教会基金 16000 美元，中国银圆 6000 块，另外还有个人捐助的数百美元。

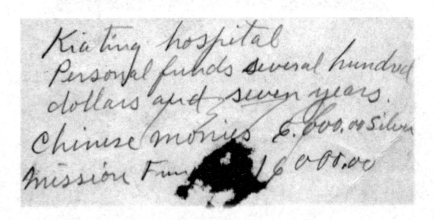

修建嘉定福音医院的资金（谭国梁手迹）

由此，嘉定福音医院无论是医疗技术，还是医疗环境，都跻身中国西部前列。

四

修建医院的过程中，不知为什么谭国梁脑子里无数次地冒出云游道人的话。到中国后，他与妻子接连生了 5 个女儿，却始终没有儿子，难道真是中了白塔的魔咒？

想到此，他抚弄一下自己的头发。由于过度操劳，一头浓密的头发，越来越稀疏，甚至有点谢顶。可如今看到屹立在玉凤山上的医院大楼，谭国梁内心的一丝忧郁便烟消云散。

位于白塔街上的嘉定妇女传教会，对面的教堂保留至今

谭国梁

他通过自己的艰苦努力，给嘉定百姓带来福祉。更让他意外的是，就在他放弃对儿子的渴望时，夫人再次怀孕，在峨眉山避暑期间，生下一个壮实活泼的男孩。

嘉定福音医院建成后不久，谭国梁与教会签订的工作合同到期，于是他偕妻子和孩子一同返回了美国，此后逐渐中断了与乐山的联系。

谭国梁（前排左二）与同事告别
留影

谭国梁拍摄的乐山大佛

五

谭国梁与夫人40年代留影

时光飞逝，80多年弹指一挥间。

2007年，Charlotte Thomas无意间在一份报纸上看到乐山市与美国吉尔伯特市结为友好城市的消息。她兴奋地给乐山市市长写了一封来信，希望得到他的帮助，与祖父曾经工作过的嘉定医院取得联系。

她在信中说：1987年她曾陪79岁的母亲Ruth来过乐山，看见当年祖父所在的那座医院仍然在使用，他家的房子有一部分用作医院。

她认为或者还有乐山人记得她的外祖父，一位红头发的美国医生。她还随信附上当年他外祖父、外祖母以及母亲在乐山和峨眉山生活的照片……

1945 年谭国梁夫妇与子女及孙辈们

中西合璧的嘉定福音医院

她的愿望很快得以实现。不久之后她再次来到乐山，并拜访了外祖父曾经工作过的医院。

采访结束时，Charlotte Thomas 对我说，她还会再到乐山！虽然外祖父建造的医院已经不复存在，但外祖父老照片上的光影，早已珍藏在后人们的心里！嘉定已成为他们永远的记忆！

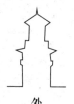

第八章　梁正伦：上善若水

一

梁正伦 1899 年 11 月 26 日出生在加拿大蒙特利尔，少年时期就展现出过人的才华，仅用 18 个月的时间就学完了 4 年高中课程。接着他去温哥华医学预科学习，立志当一名医生。

青年时期的梁正伦

在英属哥伦比亚大学获得学士学位之后，梁正伦返回了蒙特利尔，进入了麦吉尔大学医学院学习。

1929 年 8 月，英俊潇洒的梁正伦与 Winnifred Griffin 小姐结婚。10 月 3 日，二人一同离开加拿大前往中国。

两人在成都经过一段强化中文学习后，于 1930 年初被派到乐山，担任嘉定仁济医院院长。

1892 年启尔德创办的嘉定福音医院，在 1925 年更名为嘉定仁济医院。梁正伦到乐山时，仁济医院刚恢复工作不久。

1926年9月"万县事件"后，北伐战争开始，打倒列强废除不平等条约的呼声四起。许多外国人见形势不妙，赶紧变卖财产离开，或者关闭教堂、学校，将贵重物品以及重要档案藏起来。

嘉定仁济医院也在那时关闭。直到1927年底加拿大人胡祖贻（E. C. Wilford）与毕业于华西协合大学的华人医生乐以簧到乐山恢复工作，仁济医院才再次收治病人。

20世纪30年代的嘉定仁济医院

医院虽然设有50张床位，但入住率仅有四分之一左右。

究其原因，一是多数人依旧不相信西医；二是费用很高，病人住院一天的治疗费和膳食费大约需要一块银圆，最低的也要半个银圆，而当时一个华人雇工一个月的工薪只有一个银圆。

梁正伦到乐山后，发现很多病症其实并不复杂，比如生小孩、白喉症、食物中毒等，但要说服病人到医院来就诊非常困难。病人们宁愿选择自己认可的治疗方法，比如看中医、找草药，甚至迷信驱鬼之类。只有在所有方法尝试后依旧无效时，万不得已才来到医院。因为错过了最佳治疗时间，很多生命就这样不幸丧失。可是一旦有人经西医诊治死亡，就会有人激烈地抨击西医！

一天，梁正伦正在为一位大腿骨折病愈患者拆除石膏，一个称胸口疼的患者前来就医，梁正伦让病人在门外等候。

病人是第一次看西医，架不住好奇心从门缝往里张望。这一望，他顿时吓出一身冷汗：

梁正伦正用一把锯子在病人腿上"哗哗"拉动。这本来是锯开坚固的石膏绷带，可他误以为洋医生治病的工具就是锯子，患者哪里有病就锯开哪里看。想想自己胸口疼，将会被锯子开膛，不由魂飞魄散，转身撒腿就跑。

梁正伦得知此事后，意识到必须尽快学好乐山方言，才能更好与患者沟通。

梁正伦与他收治的嘉定女童

而要让乐山老百姓信任西医，唯一的方式是向他们展示西医处理疾病快速有效的一面，让那些病入膏肓的病人能恢复健康。

为此，他在努力学习乐山方言的同时，开始每周两次走入病人家中就诊。

二

一天，一位乡下妇女抱着一脸病容、有气无力的女儿来到医院。

妇女对梁正伦说：孩子三岁多了还不能走路，整天没精打采，哭哭啼啼，也不肯多说话。她四处求医问药无果，不知道得了什么病。

梁正伦给孩子检查一番后，发现并没有什么异常。他又询问了一些关于家族遗传、孩子喂养等方面的问题，心里虽有几分明白，但还是不敢轻易下结论。

因为稍有不慎，就会给刚恢复工作的医院带来意想不到的麻烦。

为了万无一失，他准备再仔细观察这个孩子，于是对这位母亲说：如果你相信我，就把女儿留在我这里三个月，我给她免费治疗。

女孩的母亲犹豫了一阵，终于同意把孩子留下，她已经别无选择。

这位母亲离开后，梁正伦没有按普通方法治疗孩子，而是把孩子带回家自己亲自照料。

他没有给孩子任何药物，而是留心观察，在食物上下功夫。

三个月过去了，孩子的母亲如约来到梁家，一进院子不由惊呆了！她几乎不敢相信自己的眼睛：女儿正活蹦乱跳地在院子中玩耍，脸色红润，神情快乐，与之前判若两人。

这三个月里，她每天都在忐忑不安中度过，那些有关外国人用小孩眼睛和心肝做药的流言蜚语，就像毒蛇一般一点一点往她心里钻。

她几次想来梁正伦家把孩子带走，可是每每走到半道又停下来。

她以一个女人的直觉感到梁正伦是个好人，孩子交给他或许还有一线生机，而带回去只有死路一条！眼下看到女儿这般模样，真是又惊又喜，禁不住问梁正伦用什么灵丹妙药治好女儿的病。

梁正伦告诉她：孩子并没有什么病，就是严重营养不良造成发育迟缓，身体虚弱，以致不能走路。

梁正伦一番话让这位母亲如梦初醒。原来她女儿是个早产儿，家人曾请神婆来算吉凶。神婆说只能用米汤喂养孩子，否则孩子将难以存活。因此孩子从出生到三岁多一直以米汤糊口。

这位母亲不知，孩子一直喝米汤，便失去同龄孩子应有的咀嚼能力。

正常情况下，当孩子遇到体积较大的食物，或纤维较粗的食物时，需要靠舌、唇、颊部的运动协调，如果一嚼一吞的运动不协调，孩子就会产生进食障碍。

孩子学咀嚼、吞咽需要一个过程，由流食到半流食，再到与大人吃同样的食物。可是小女孩缺乏这个过程，久而久之造成孩子的口腔运动发育不良。这不仅影响到孩子的牙齿健康，也对孩子的身体发育与智力发育产生了严重阻碍。

小女孩的母亲虽然四处求医问药，可得到的几乎都是开胃药，而孩子的口腔功能问题没有得到解决。

梁正伦在排除了小女孩身体方面的器质性疾病之后，开始锻炼孩子的吞咽及咀嚼能力。

他亲自给小女孩喂稀粥。一开始小女孩要么是含在口中不动，要么就往外吐。每当小女孩吐后，梁正伦又再喂，一次又一次，终于让小女孩开始吞咽。

20世纪30年代梁正伦一家的住所。50年代后曾经改为干部病房

接着，梁正伦又将稀粥弄得稍微稠些，并加入切碎的蔬菜和肉末，一点点地让孩子接受新的食物。

不久，小女孩终于与梁正伦家人在一张桌子上进食，而且在梁正伦的鼓励下，自己拿着面包或者馒头吃。牛奶、面包、鸡蛋、蔬菜和肉食，让孩子迅速恢复健康。

小女孩即将离开梁正伦家时十分不情愿，噘起小嘴满脸不高兴。梁正伦抱起孩子请家人拍照留念，留下珍贵的一瞬。

在后来出版的《梁正伦传》中，这张照片被作为书的封底，由此可以一窥梁正伦对小女孩父亲般的情感。

Phyllis 说，这个嘉定女童如果在世应该90多岁了。1930 年出生在乐山的大姐玛格丽特应该见过这个嘉定女孩，可是玛格丽特已经过世了。

每每看到父亲的传记，Phyllis 都会想起这个女孩，想起父亲讲述的嘉定往事。

三

梁正伦到乐山仁济医院上任不久，就发现不少失明或半失明的患者是由白内障所致。

白内障并非疑难杂症，但由于当时仁济医院没有专业眼科医生，也就无法开展患者救治。

为此，梁正伦向总部写了一份报告，请求派一位眼科医生到嘉定，开展眼科治疗工作。可那时来四川的医生多是外科、内科，专业眼科医生少

大学时期的梁正伦

之又少，且多留在华西协合大学任教，无法满足外地的需求。

梁正伦得到这一回复后，并没有放弃，而是开始琢磨如何想办法解决。

作为一名医科大学的高才生，无论是基础课程，还是临床实习，他虽然对人类的眼睛构造与疾病防治都基本了解，但毕竟亲自操作少，实践经验不足，不敢贸然行事。

此时梁正伦又把有关眼科的书籍再次拿出来反复阅读，之后叫家里的佣人到市场上买回一个猪头。

第二天佣人又去买时，屠户忍不住好奇：你家洋主人这两天咋天天买猪头？佣人摇头说不知道。他也很纳闷，主人原来从不沾猪头、猪蹄，以及内脏之类的东西。

屠户开玩笑说是否拿去谢媒？乐山有用猪头谢媒人的风俗。佣人

不屑道：你懂啥子？洋人才不信这一套。何况主人女儿尚小，何来媒人登门！

屠户追问：既然不谢媒，自己又不吃，那猪头用来做啥子呢？佣人被问得无言以对。

的确，每次买回去的猪头被梁正伦在屋里捣鼓一番后，就让他拿到厨房里烹煮给下人吃。佣人想不明白主人关在屋里捣鼓猪头干什么。

两人闲扯了几句就各自忙自己的事，谁也没有把这事放在心上。

哪知没过两天，梁正伦又叫佣人去买猪头。这次佣人多了个心眼，待梁正伦再叫他把捣鼓过的猪头拿到厨房时，他半途趁无人时把猪头翻看了一下。这一翻不由大惊，他发现猪眼睛没了。佣人脑子里"嗡"的一下，好一阵都是一片空白。他神思恍惚到晚餐时分也没有理出头绪来，端起碗看见桌上的凉拌猪头，心中又是一阵嘀咕，这道平时自己最喜欢的菜，眼下竟没有一点食欲。

过了两天，佣人到市场去买菜，屠户远远便大声招呼他买猪头，并标榜今天的猪头特别巴适。

佣人心中的疑惑经他这么一挑逗，又翻滚起来。他本想管住嘴巴，但经不住屠户刨根问底，见左右无人，便压低嗓音告诉屠户，买回去的猪头都被主人取了眼睛。

屠户一听，顿时兴奋起来。他忙把佣人拉到案板后唯一的小凳上坐下，递上一支旱烟，追问取猪眼睛何用。

佣人说确实不知，屠户好奇心没有得到满足不免失望，又问了一些外国主人的生活习俗琐事，絮絮叨叨一阵。佣人离开时叮嘱屠户一定不要对别人讲。

屠户嘴里答应着，脑子里已经盘算着晚上到茶馆去神吹，镇一镇邻里那两个走州过县，时不时用龙门阵抵茶钱的船夫。

实际上梁正伦让佣人买猪头回来是想通过解剖猪眼睛，熟练掌握人眼白内障摘除手术。

不久，两位患者经梁正伦手术后终于重见光明。

哪知好事还没出门，流言蜚语已在嘉定城铺天盖地：外国人给那些瞎子安了猪眼睛。

谣言持续发酵，以致有好事者到患者家门口围堵，想看看被安了猪眼睛后的人是什么模样。还有传闻说，这些人以后会长出猪相，并发出像猪一样哼哼唧唧的声音。

梁正伦夫妇

梁正伦得知此事后，知道自己无论作什么样的解释也难以驱散这些离奇古怪的谣言。于是，他邀请几位乡绅与白内障患者家属一同观看整个手术过程，这场沸沸扬扬的猪眼睛风波才终于平息下来。

四

梁正伦到嘉定时，乐山与中国大多数地区一样，医疗条件落后，卫生防疫基本处于空白，结核、疟疾、天花、伤寒、霍乱等传染病流行。每遇暴发高峰期，不少人难逃死亡魔掌。

而在这些病之外，乐山还流行一种地方病，当地人称"趴病"，也有称"扒病""疤病"等。

发病者意识清楚，但是四肢麻痹，浑身乏力，有的连话也说不出来，严重时会失去生命。

武汉大学在 1938—1946 年期间西迁乐山，"趴病"就曾让不少教师学生谈虎色变。

据《武汉大学校史》(1893—1993)记载：营养不良，医疗设备奇缺，加上乐山特有的地方病——疤病的袭击，致使乐山时期武汉大学师生的死亡率越来越高。

据统计，武大自 1938 年 4 月迁乐山到 1940 年年底为止，近 3 年时间，仅学生因病死亡者达五六十人之多。其中 1940 年 9 月至 10 月底的 50 天内，就有 5 位学生死亡。

到了 1943 年暑期，在短短一个月内又有 7 位女学生相继死亡。

据不完全统计，自 1938 年 4 月至 1943 年 8 月的 5 年内，一个仅有 1700 多人的学校竟相继死亡了 100 多个学生。

这个骇人听闻的死亡率，使学校公墓不得不一再扩大。因此，学生们把武大公墓称作学生的"第八宿舍"(学生宿舍实际只有七舍)。

叶峤教授回忆当时情景说："初到乐山，疤病确实吓人。教授们因疤病轻，医好后不能再在乐山居住下去，只好携眷东归，另谋出路。"

那时期在武汉大学就读的孙法理后来在《琐屑的往事》一文中也写到趴病：

> ……直到抗日战争时期，乐山仍然很带野气。铜河的滚滚浊流，斑竹湾两手合抱的野藤，凌云、乌尤寺的丛林，还有厉害的蚊子，都带着蛮荒味儿。尤其是趴病，躺在床上便瘫痪了，严重时会死亡。抗战初期迁入乐山的武汉大学师生中，就有人死于此病……

另外，徐博泉在其《抗战时期武汉大学师生生活一瞥》中说："据统计，武大迁来后至1943年，死于趴病的达三十七人，都是外省人。全葬在老霄顶外坡草丛中……"

梁正伦嘉定福音医院名片

最初，有人将趴病患者送到仁济医院，但是医生无法确诊这是何种病症，也就不能对症下药，更谈不上根除疾病。

当接连出现几例类似的患者后，梁正伦意识到这是一种尚未认识的新病种，于是着手开始调查。

他发现发病者往往是睡后醒来忽然浑身乏力，四肢麻痹，追问前一天的饮食起居，有无接触异物等等，大多有头天"打牙祭""吃油大"（方言：指吃肉或聚餐）的经历。而这些食物并无异样，问题到底出在哪里？

这个问题困扰梁正伦很久，他曾经一度将之作为运动神经疾病治疗，但收效甚微。梁正伦又对患者发病前一天接触过的物体和吃过的食物一一记录，反复分析排查，开始对他们使用的食盐产生了怀疑。

一天，两个趴病患者先后被送到医院，梁正伦在询问中意外得知，他们竟然购买同一口盐井出产的盐。

这个意外发现再次印证了他早先的怀疑，于是亲自到那口盐井调查取样。

最后通过与武汉大学，尤其是内迁到五通桥的黄海化学工业研究社联合进行实验分析，发现问题果然出在食盐上！原来食盐中化学元素钡的含量超标。

黄海化学工业研究社前身为久大塘沽盐厂的化验室，由著名的民族化学工业开拓者与奠基者范旭东创办。范旭东早年曾留学日本。抗日战争全面爆发后，他旗下的企业由天津迁至四川，其中久大盐业公司迁往自贡，永利化学公司和黄海化学研究社迁往乐山境内的五通桥。

老年时期的梁正伦夫妇

乐山是中国西南重要的井盐产区，境内犍为、五通桥、井研等地盐井、盐灶密布。

因为出产盐的缘故，乐山人口味普遍偏重。再加上平时难得吃上一次肉，一旦吃肉不撑到十二分饱不肯放下筷子，于是盐的摄入量大大增加。

更主要的是，当时食盐提纯技术不过关，所含钡超标，因此钡中毒成为引发"趴病"的重要原因。

其实，乐山及周边早有趴病患者出现，但并没有人去深究。抗日战争期间外地人大量涌入，病情集中爆发，这才引起人们的恐慌。

为了避免人们对趴病的恐慌，国民政府一度下令将两口钡含量特别高的盐井关闭。趴病终于得到有效的控制。

梁正伦在乐山工作的医院

后来有关乐山趴病的研究论文在国外医学刊物上发表，这个病种被定名为"嘉定痹病"。

<h1 style="text-align:center">五</h1>

Phyllis 与丈夫 Jack 2012 年曾经返回乐山，他们本想去峨眉山新开寺看看当年的旧居遗址，梁正伦在新开寺的别墅是 13 号，可由于

多种原因未能成行。

让他们感到欣慰的是，圣水禅院的住持宽忍法师带他们参观了正在重建的大峨寺。

大峨寺是加拿大人在峨眉山最早的避暑之地，后来迁往新开寺。那天与法师品茶叙旧，夫妻俩十分愉快，相约以后再来峨眉。

不想这却是 Jack 最后一次旅行。2014 年 Jack 因病去世。

Phyllis 夫妇

Phyllis 与 Jack 的三个孩子都不在身边，宽敞的别墅里 Phyllis 形单影只，经常长久地坐在电脑前看过去的老照片。

为了不引起 Phyllis 伤心，采访中我一直避免提及 Jack。

采访 Phyllis 的当天晚上，我们受邀参加 Glenn Edward Owen 和 Bryce Vickers Owen 兄弟俩举行的晚宴。他们俩分别于 1935 年和 1937 年出生在重庆。1941 年一个大雾弥漫的日子，兄弟俩的父亲（中文名吴以文）因需从南岸渡江去市区办理一件急事，见渡船停渡，便搭乘一艘小舢板，不料刚离岸不远就触礁翻船。吴以文的遗体几天后才找到。父亲去世后兄弟俩就随母亲返回加拿大。虽然成年后他们没有再返回中国，但是对中国一直念念不忘，最近正计划到重庆祭奠

作者与陈大维（左）、Owen 兄弟俩（右）

父亲。那晚到 Glenn Edward Owen 家参加聚会的六家人均与中国有关，于是整个晚上的话题都围绕中国展开，大家相谈甚欢。

返回时已过 10 点，天上下起小雨，人烟稀少的乡间异常安静。车速飞快，一路沉默。开了一阵，Phyllis 忽然拐入高速路边的一条岔路，四周漆黑，阒寂无声。车灯穿过雨帘，只能大致看清左右的景象。

忽然，我看到几块墓碑，接着越来越多，密密麻麻一片，我

Owen 兄弟的父亲，中文名吴以文，1941 年在重庆不幸翻船去世

这才意识到这是一处公墓。

不一会儿，Phyllis 把车停在路边，指着不远处一块墓碑说："Jack 在那里。2012 年我们一起去乐山，现在你从乐山来，去看看他吧……"

事出突然，我没有任何准备，甚至没有一枝花、一炷香。我走到 Jack 墓前，以中国人的礼仪，合掌深深向他三鞠躬。

返回车上，我的头发如同水洗一般。Phyllis 没有下车，默默地坐在方向盘前。黑暗中我看不到她的表情，也无法猜测她在想什么。

待汽车再次行驶上路，Phyllis 依旧没有说话。走了一阵，迎面来了一辆车，会车时对方的灯光让我无意间看到 Phyllis 面颊上满是泪水。她咬紧嘴唇，不让自己发出声音。我这才意识到，她是把巨大的悲哀强压在心头！

回到家，Phyllis 拿出父亲在乐山时拍摄的一些老照片。这是梁正伦曾经居住的老宅，在今天乐山职业技术学院白塔街校区内，不过已经被拆除。

我们由梁正伦的故居谈到白塔街，再谈到已经消失的白塔。Phyllis 说，一位受聘仁济医院的中国医生与父亲闲聊时叹息道：我与太太怎么只生女儿？

梁正伦半开玩笑半认真地回答：到这个医院工作就要做好只生女儿的准备。

对方问何故，梁正伦就把有关白塔的传说讲给他听，最后还补充道：我与太太的几个孩子都是女儿。

的确，梁正伦的四个孩子都是女儿，但他从不重男轻女，而是开玩笑说他被白塔的咒语言中了！

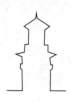

中年时期的梁正伦

如今生活在乐山城里的人，大多不知白塔街是由玉凤山上的白塔而得名。而在加拿大采访时，几乎每一个家庭都会提到这座白塔。

1939年梁正伦被调到重庆，任重庆仁济医院院长，一家人依依不舍地离开嘉定。不幸的是到达重庆后，才得知从嘉定到重庆的货船不幸翻沉。梁正伦的家具、书籍，以及生活用品损失殆尽。

Phyllis说父亲对此从没有埋怨，而是庆幸自己用医术给处于战争、饥饿、疾病中的中国人民解除痛苦，带去福音……

六

梁正伦1939年被调往重庆。抗日战争全面爆发后，重庆成为中国的战时首都，亦称"陪都"，也由此成为日本侵略者空中重点打击对象。从1938年至1943年，据不完全统计，日军出动9000多架次的飞机，轰炸218次，投弹11500枚以上，死者达10000人以上，超过17600座房屋被毁，市区大部分繁华地区被破坏。

梁正伦（后立者）1939年担任重庆仁济医院
院长，前排左二为云达乐

　　梁正伦所在的医院，被陪都空袭救护委员会作为重庆第五重伤医
院，专门收治城区和南岸地区被日机炸伤的人员。同时梁正伦还被委
任为重庆救护队第八中队长。

梁正伦曾经担任院长的重庆仁济医院

Phyllis 回忆说，父亲在重庆期间与冯玉祥将军成为朋友。

冯玉祥 1938 年随国民政府迁来重庆。第二年年初，他买下了当地乡绅张海南位于重庆市沙坪坝区陈家桥镇的一幢四合院，取名"抗倭庐"，表达抗击日寇的决心。

冯玉祥时不时来梁正伦家里做客。时间稍长，Phyllis 只要看见母亲在厨房里忙碌，就知道冯玉祥必定来。

冯玉祥特别喜欢 Phyllis 妈妈做的牛扒，一边吃一边赞扬，声音非常洪亮。有一次冯玉祥来访，带了一本连环画赠送 Phyllis，告诉她书中都是中国历史上有名的女英雄，并特地给她讲了宋朝梁红玉的故事。

Phyllis 听得如痴如醉，最后冯玉祥给她起了中文名字：梁玉，并说这个"玉"字，有几层含义，希望她长大后做一朵铿锵的玫瑰，美丽、勇敢、有所作为……

冯玉祥的话 Phyllis 至今犹在耳边。Phyllis 成年后与父亲一样，也从事医务工作，最初是护士，后来担任营养师。

Phyllis 说父亲在重庆期间，工作非常繁忙，尤其是抗日战争期间，有时彻夜在医院手术。

一次小妹妹病了，父亲无法回来照顾，保姆几乎三天没有合眼。父亲回来后让保姆回家休息一下，可保姆放不下病中的小妹，犹豫着不想离开。父亲说他是医生知道如何照顾病人，两人正说着话，不料已经睡着的小妹忽然爬起来大哭，伸手要保姆抱，不断嚷嚷"我要大娘，不要爸爸，不要爸爸……"

1947 年梁正伦全家，后排右为 Phyllis

那时 Phyllis 姐妹称家里的中国保姆为"大娘"。大娘既如同她们的亲人，也是她们的第一位中文老师，感情深厚。

我离开 Bath 那天早上，Phyllis 在餐桌上又说起大娘。我问大娘何时离开他们一家，Phyllis 说大娘从未离开，一直在她心里！

1951 年他们一家离开中国时，本想把大娘一家也带去加拿大，可最终由于各种原因未能成行。

爸爸担心孩子们舍不得大娘，到时可能拉着大娘的手不登船，便在头天晚上悄悄让大娘先离开了。

而蒙在鼓里的 Phyllis，直到上船也没有看到大娘，追问爸爸时，爸爸才告诉她们：大娘已经走了。姐妹几个顿时大哭起来。爸爸安慰她们说：大娘老了，海船颠簸会生病，我们以后可以到中国来看她……

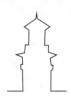

2016年80岁的Phyllis（左四）与Owen兄弟俩（左三、右三）重访重庆第五人民医院（原仁济医院），与院方负责人合影。他们曾在仁济医院的宿舍中度过愉快的童年

　　说到此处，Phyllis泪眼蒙眬，好一阵没有说话。而当她有机会再次返回中国时，曾四处打听大娘后人的下落，可是杳无音讯。对此，她一直耿耿于怀！

91岁的刘鹤莲（右）毕业于重庆仁济医院护校，向Phyllis（左）讲述仁济医院往事

Phyllis 是现任"CS"聚会委员会主席。这场发起于 1936 年的聚会已经延续了 70 年，参与聚会的人几乎都与中国有关。已近 80 岁的 Phyllis 的子女和孙辈都颇有出息，而她却准备卖掉自己漂亮的别墅去养老院。

Phyllis 深情地说，活到这个年纪一切都能看得开，唯有"CS"的义务难以割舍，因为她的心是"中国心"！

在加拿大出版的《梁正伦传》，封面是重庆仁济医院

Phyllis 的孙辈们

Phyllis（左）和她的小妹（右）与作者（中）

Phyllis 与女儿（前排左一、左二）、Owen 兄弟（后排右一右二）重访重庆，在南山抗
日战争纪念馆留影。后排左一是张颖明先生

第九章　云达乐的世界

一

"我出生在仁寿县城。小时候比较挑食，只喜欢吃肉，不爱吃蔬菜，为此妈妈爸爸没有少批评我。有一天父母去成都办事，大娘就让厨师给我做了粉蒸肉，心想爸爸妈妈不在让我尽情吃个够。哪知我吃得太多，把肚子吃坏了，上吐下泻，把大娘吓得直掉眼泪。"云达乐（Don Willmott）说。

民国时期的仁寿中学

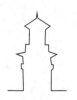

1940 年的仁寿县城

加拿大教会在仁寿修建的医院（1920 年拍摄）

云达乐 1943 年留影

云达乐口中说的"大娘"，是一位照顾他的中国保姆。云达乐说起她时一往情深：

爸爸妈妈整天都在外忙碌，陪伴照顾我的是大娘。她小时候缠过脚，脚尖尖的，很小，大约不到五英寸，中国人说那是三寸金莲。

当我调皮惹祸后，她就举起手做出一副要打我的样子。每每看见她这样，我就撒腿开跑，我跑得很快，她踮着一双小脚追不上，在后面不断喊：少爷不要跑，我不打你，小心摔了……

大娘很心疼我，经常给我讲一些鬼神故事。可以说她是我的第一位中文老师。当时我家里有五个中国佣人，大娘、厨师、轿夫、花工。我就在这样的语言环境中长大，所以我的母语不但是中文，而且还是仁寿方言。

记得他们说吃饭是 qi mang mang。父亲调到成都任教后，我们一家迁往成都，当抗日战争爆发，日军轰炸成都后，CS 学校迁到仁寿，我又回到仁寿读书。

由于长时间不用中文，加上听力障碍，云达乐现在几乎不能讲中文了。很难想象他当年曾在美国空军情报部门担任中文翻译。

民国时期仁寿中学的网球场

刚进入军队时留影

刚进入军队时留影照片赠送作者签名

　　1944 年，19 岁的云达乐被美军招募参与抗日战争，重要原因就是看上他一口流利的中文。由于他对中国抗日战争的贡献，2005 年中国政府邀请他到北京参加抗日战争胜利 60 周年庆典，并授予他"中国人民抗日战争胜利 60 周年纪念章"。

朝气蓬勃的年轻军人　　　　　　　　　　云达乐的姐姐在仁寿留影

　　回忆抗日战争，云达乐用中文唱起："万里长城万里长，长城脚下我家乡，青大豆、红高粱……长城风景醉心房……"他说那时许多学生唱这首歌都会流泪，而军人奔赴前线也会高唱此曲，激情昂扬。

图中手指的白胡子长者为云从龙的祖父。该照片陈列在多伦多大学牙医学院

　　云达乐1925年出生在仁寿县城，他与中国的缘分要从父亲云从龙说起。

　　云从龙（Leslie Earl Willmott）1895年12月出生于加拿大多伦

多一个知识分子家庭。祖父是多伦多大学牙医学院的创始人之一，至今学院图书馆里还矗立着他的铜像。

云从龙在获得科学学士、教育学硕士学位之后，本可以在国内找一份待遇不错的工作，可是他不愿意过那种在别人看来安稳富足，而他却认为一成不变的刻板生活，他渴望到外面的世界去闯荡，度过丰富多彩的人生。于是在1921年，他以教育传教士身份来到四川，不久被派往仁寿县创办华英中学，并担任华英中学校长。

云从龙祖父的铜铸雕像摆放在多伦多大学牙医学院图书馆中

云从龙由此在中国一待就是三十年。除创办华英中学之外，还担任过重庆男子中学和成都华西协合中学的负责人，以及华西协合大学教师。他对中国的热忱，深深影响了自己的孩子。

云达乐（后排右一）与父母（前排左一、左二）及姐姐弟弟

Willmott family

To Susan with love from Don

全家福照片赠送作者签名

"父亲最初为我取名叫大乐，希望我一生都有大大的快乐。后来他意识到期望过高，觉得只要能通过努力达到快乐就满足，于是更名为达乐。"

抗战期间铭贤学校迁往四川金堂曾家寨。图为曾家寨一角

云达乐在黄思礼担任校长的"CS"学校完成小学和中学课程。就在父母准备让他回国上大学时，教会有人推荐他到铭贤学校教英语课。

铭贤学校是一所教会学校，具有良好的声誉。英语课程大都聘请

外籍教师，云达乐欣然前往。

铭贤学校是由美国俄亥俄州欧柏林大学（Oberlin College, Ohio）资助，孔祥熙创办的。孔祥熙童年曾就读于教会在山西太谷县办的福音小学，由于学习成绩优异，被推荐到直隶通州（今北京市通州区）美国公理会开设的潞河书院读书。

1900年爆发义和团风潮，潞河书院被迫停课。孔祥熙回到家乡，不幸遇上焚烧教堂杀戮教徒的拳民，便与妹妹一同躲进福音堂，后在族人的帮助下逃离险境。而其他被困在教堂内的14名传教士和中国教民先后被杀害，其中有6名传教士是毕业于欧柏林大学的美国人。

云达乐（后排右一）与铭贤学校部分师生

太谷教案一年后，孔祥熙在美国传教士的帮助下，到美国欧柏林大学学习。在欧柏林大学和耶鲁大学毕业后，欧柏林大学委托孔祥熙在太谷县办学校，并承诺以经费、教学和教师进修等作为支持。

1907年秋，孔祥熙拒绝了清廷邮传部和湖南省的邀请，携款回到故乡太谷县办学。学校取名"铭贤"（Oberlin Sansi Memorial School），以追念庚子年被杀害的殉道人。

由于师资优良，质量并重，学校声誉颇佳。孔祥熙的夫人宋霭龄也曾在学校担任教师，全力支持丈夫。

1934年蒋介石夫妇特地到铭贤学校视察，给予高度评价。

抗日战争爆发后，铭贤学校不得不搬迁，几经辗转于1939年3月到达四川省，在于右任的帮助下在金堂县一座清代庄园——曾家寨安顿下来。

芦笙表演（云达乐提供）

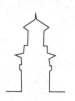

挑夫（云达乐提供）

水车（云达乐提供）

巫师在江边做法事（云达乐提供）

迁到四川金堂县的铭贤学校

成都遭遇日机大轰炸后的景象

经一年多的筹备，1940 年秋铭贤学校正式招生，学制三年。原来由欧柏林大学派遣的外语教师，也因为战争爆发暂时中断派遣，于是学校只好从在华的西方人中招聘教师。云达乐就这样到了铭贤学校任教。

云达乐回忆道：

我到铭贤学校当英语老师时，与许多学生年纪相仿，有的比我年纪还大，所以师生之间没有隔阂，相处非常愉快。我们经常在一起打球、唱歌、出去爬山。男生们性格开朗一些，会主动用英语与我对话，讲对讲错不在乎，因此他们英语提高比较快。可女学生比较害羞，担心自己说得不好，不好意思说英语，除了课堂以外总是用中文与我说话。那些女生说话细细的，柔柔的，非常好听。我便模仿她们说话，时间一长我说中文就带她们的腔调，结果后来有人给我取了个"娘娘腔"的外号！

铭贤学校的部分师生

"娘娘腔"三个字说的是汉语，并且是标准的四川方言。远离战争硝烟的曾家寨铭贤学校，让青春年少的云达乐过着无忧无虑的快乐生活。然而，这样的日子被美军的一张招募通知打断了。1944年抗日战争进入反攻阶段，19岁的云达乐成为一名军人。

二

　　在重庆期间，云达乐见过宋庆龄四次。"她当时被软禁，不能离开重庆。宋私下里组织了一些药品和物资，请外国友人帮忙运到延安帮助共产党。"云达乐说。

重庆旧貌

　　由于他当时年少，又在美军中服役，四处行走不受限制，云达乐暗中为共产党做了一些工作，也结识了共产党的一些精英分子。云达乐告诉我：

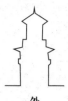
1945 年 6 月 3 日我见到了郭沫若，是陶行知先生引见的。郭沫若待人很和蔼，见面之后先问了我家人的状况，然后谈起抗日战争，言语中流露出对国民党的不满。他当时在重庆领导文化界人士进行抗日宣传，身边聚集了大批文人。其中一些人与父亲是朋友，如陶行知、龚澎、乔冠华、张友渔、马识途等，还有一些同情和支持中国共产党的外国人。

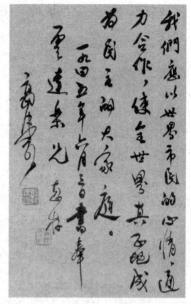

郭沫若赠云达乐的书法

聊了一阵，郭沫若先生问我了解中国书法吗，我说略知一点，他便让我研墨。我拿起桌子上的一块墨，在砚台里加上水，一丝不苟地研磨起来。稍后，郭沫若先生微笑挥笔写下一幅书法："我们应以世界市民的心情，通力合作，使全世界真正地成为民主的大家庭。"

郭沫若先生把这幅书法送给我，我珍藏了大半个世纪。五十年代我返回加拿大后，曾经给学生讲过中国书法，每当我拿起毛笔时，就会想起郭沫若先生。

云达乐回忆道，他在美军服役期间，主要是教授美军中文。珍珠港事件爆发后，美国加入二战，增派了大量飞行员到中国。因此学中文成为美军的重要工作之一。

我所在的军队中也招募了少许中国人，闲暇时大家喜欢凑在一起下棋，中国人学会了美国人带来的国际象棋，而美国人学会了中国象棋。

我的上司是个不修边幅的人，经常头发凌乱，胡子拉碴，还时不时会忘记扣裤子上的扣子。可我的中国同事军容风纪非常好，即便是夏季风纪扣也严丝合缝，逼得上司不得不检点自己，尽管经常抱怨中国南方夏天太闷热。

抗日战争期间运送军械渡河

云达乐（前排右）与美军空军官员及同事

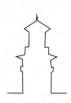

中美军人休息期间一同下国际象棋，后排左一为云达乐

云达乐（中）与他的美国上司（右），以及中国同事（左）

　　抗日战争结束后，云达乐觉得自己有必要进入大学学习，于是在
1946 年 7 月退伍。不久，他考入美国康奈尔大学人类学专业。报考
这个专业，是他经过反复思考做出的决定。

云达乐在重庆歌乐山

云达乐（左）与美军空军救护队的
朋友

云达乐（左一）与中国朋友

军训

军队的岗楼

康奈尔大学在人类学研究领域颇有影响力，云达乐之所以选择这个专业，是希望毕业以后回中国进行这方面研究。

人类学研究领域包括考古学、生物人类学、语言人类学、文化人类学等。他觉得自己通过学习以后，可以用系统的研究方法来探讨中国的文化生活。

云达乐生于中国，长于中国，了解中国人在其社会生活中的行为和想法。他相信学成之后，能在中国成就自己的学术事业。

可是天有不测风云，就在他准备来中国完成博士论文时，中国的大门关闭了。无奈之下他只好选择到华人较多的印尼开展中国人研究，故他的人类学博士论文名为《侨胞在印尼》。

他始终觉得自己是中国人，所以对在国外居住的华人称侨胞。他

云达乐著《侨胞在印尼》

在印尼等地接触到许多中国明代移民与马来人通婚后的后代，他们的文化介于中国和马来文化之间，也受到其他非华人族群的影响，后来这些人被称为"娘惹"。如今娘惹文化研究逐渐受到重视，可云达乐早在多年前已经关注。

参观白求恩就读的学校

费尔朴（前）与云达乐（后）爬上乐山大佛头顶观察

云达乐获得第一个博士学位之后，中国大陆依然没有开放。他还是不死心，决定再攻读社会学博士，准备一边储备知识，一边等待机会。他只好再次到印尼，在爪哇岛研究华人。《中国华侨的生活状态》一书就是他的社会学博士论文。

后来，《侨胞在印尼》《中国华侨的生活状态》这两本书，均由美国康奈尔大学出版。

没有机会返回中国的云达乐，最后

只好应聘到加拿大约克大学任教，担任社会学和人类学教授。

一天，他陪我去看了白求恩曾经就读的学校，返回途中，他不知被什么触动了大脑深处的记忆，忽然冒出不连贯的四川话："我，不乖，以前……很不乖！"

我有点发愣，不知道这句没头没脑的话是什么意思。

过了一会儿他摇摇头，改用英文说："我小时候和费尔朴一起爬到乐山大佛的头顶上。"

我顿时有些恍惚，他和费尔朴居然莽撞爬上过大佛头顶！

乐山大佛是唐代依山而凿的一座弥勒佛坐像，通高71米，脚下岷江和大渡河汹涌而过。人们沿着佛像一侧有护栏的栈道行走，尚且心惊胆战，他们居然徒手攀爬。何况也是对菩萨不敬啊，我心里想。

大约我发愣的样子让他深感自己的冒失，连连打躬作揖，又用四川话说："罪过！罪过！"

从大佛头顶俯瞰三江

回到家，云达乐立刻打开电脑，将储存的老照片集打开，一幅再熟悉不过的画面映入眼帘：矗立三江的乐山大佛。

云达乐 1943 年拍摄的乐山大佛

云达乐指着大佛头顶上的两个人说："站前面的是费尔朴，后面矮的那人是我。"时间大约在 20 世纪 30 年代末，他们去峨眉山避暑途中再次游览乐山大佛。

接着，他又一一向我讲解后面的老照片：在峨眉山鸡婆凼戏水，制作航模飞机，与费尔朴的儿子在美国军舰上玩，等等。

旧时嘉定木船（云达乐提供）

峨眉山鸡婆凼戏水

从他的讲述中得知，费尔朴一家与云从龙一家关系非常密切，常聚在一起吃饭喝茶聊天。费尔朴甚至还与云达乐的母亲云瑞祥合作出版了《峨眉山香客集咏》英文诗集。

云瑞祥毕业于美国哥伦比亚大学，获文学硕士，来四川后在华西协合大学教授英文和诗词。

云达乐说费尔朴原本想在《峨山图志》翻译之后，再对乐山大佛进行研究，于是爬到大佛头顶实地察看古代中国是如何在山崖上开凿巨型佛像的。可是因为诸种原因这项研究未能如愿。而自己一生深受父亲和费尔朴的影响，尤其是在学术研究方面。

云达乐在江上学放排

云达乐又说，费尔朴将峨眉山当作中国人精神品格的象征来研究，而自己在印尼研究华人，也是对中国人精神层面的研究，令他遗憾的是，自己没有在最年富力强的时候在中国工作，就像他的父母那样。

三

采访云达乐的过程中，他经常会谈到自己的父母，尤其是父亲云从龙。云从龙从仁寿华英中学调任成都协合高中副校长后，逐步倾向和支持共产党。

1947年，一位17岁名叫李致的学生，因为搞学生运动，校方决定将其开除。

云从龙（左）与儿子云达乐（右）

成都地下党闻讯后安排李致到重庆的西南学院就学，但地下党人贾唯英还是请当时的教会校董云从龙出面和校长交涉，希望能取消开除的决定。

当他们三人见面后，校长妥协了，但坚持让李致写一份检讨书。

当时的李致年轻气盛，不但不写检讨，还和校长争吵起来，最后拂袖而去，离开协合高中。

云达乐的母亲

云达乐的姐姐（1943年摄）

新中国成立初期，当李致再次见到云从龙时，本想表示感谢之情，但没想到却又再次顶撞了云从龙。直到1994年年底，他才知道云从龙是一直支持成都地下党的外国传教士。后来当他准备寻找云从龙要当面表示道歉时，云从龙已经去世了。

李致心中万分愧疚，将这段经历写进《永远的负疚》一书中。书中写道：

> 近年来，对云从龙先生的负疚感，越来越成为一个包袱，背在我的身上，压在我的心里。我不信神，但如果真有天国，将来我一定要云游到加拿大上空寻找云从龙先生，向他道歉，并感谢他对中国人民（包括他对我个人）的友情。阿门。

李致是著名作家巴金的侄儿，后来曾担任四川省委宣传部副部长、四川省文联主席等职。

四川省作家协会前主席马识途也在《在地下》一书中，回忆云从龙帮助中共地下党工作的往事。那时马识途任川康特委副书记，由云从龙介绍到华西协合中学担任英语教员，作为掩护马识途从事地下工作的职业。

云达乐在华西坝

马识途等人需要印报纸宣传共产党，但却没有好的收音机。后来他们得到云从龙的支持，在云从龙的住宅，用他家的收音机收听延安的广播，把内容记下，印刷出来发给大家。最后，他们甚至把中共成都地下市委的机关报《XNCR》也搬到了云从龙的家中。

直到成都解放，国民党政府也没有找到《XNCR》编辑部及印刷地址的踪迹。

当时办宣传共产党的报刊要冒杀头的风险，云从龙认为自己是外

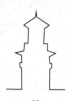

籍人士，即便得罪当局，可能会被驱逐出境，但不会被杀头，所以，他不但允许学生来用收音机，甚至允许自己的家成了学生进步团体——星星团契的活动场所。

他还利用自己可以自由出入香港等地的机会，从三联书店买回毛泽东的《论联合政府》，刘少奇的《论党》《论共产党员的修养》，以及《李有才板话》等国民党限制的书籍，以及一些针砭时弊的书刊藏在自己家中供学生阅读。

云达乐客厅的墙上挂着书法"人类解放天下一家"

1985年云从龙90岁大寿，马识途先生赋诗一首为他祝寿：

谁说东方隔西方，当年友谊劳梦想。

天涯万里若比邻，祝君康寿百岁长。

云从龙与在成都华西协合大学的美国人费尔朴（Dryden Linsley Phelps）、英国人徐维理（William Sewell）并称传教士中的"三位布尔什维克"。

当时，镇压学生运动的四川省主席王陵基曾气愤地骂他们是"华西坝上三个外国共产党分子"，欲驱除出境而后快。

云达乐说："我父亲是一个基督徒，一个坚定的基督徒。他认为应该帮助社会底层的穷人，所以与共产党解放劳苦大众的思路是一致的。"

1950年底，新中国政府接管全国所有的教会大学，华西协合大学的外籍人士开始变卖家产，陆续离开中国。1951年1月成都市军管会决定对华西协合大学实行军事管制。

1952年初，云从龙与妻子登上了一辆开往重庆的军用大卡车，同行的还有启真道夫妇、苏威廉等人。他们是在最后期限依依不舍离开四川的。他们的上一辈服务于四川，自己出生在四川，他们的孩子也出生在四川，四川已经融入他们的生命中。可眼下他们必须离去，在重庆乘轮船至汉口，再从汉口转乘火车去广东出境。

回首往事，他们曾多次经这条路出入四川，想到如今离去不知能否回来，不禁黯然神伤。

从中国带回的石刻龙摆放在云达乐的花园里

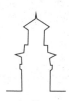

云达乐花园一角，摆放着菩萨，墙壁挂有福字，充满中国情调

启真道曾这样描述当时的心情："当我们看见烧毁旧华大的校旗，向华大新校长颁发新校印时，我们是带着怎样一种复杂的感情……"

长江里航行的美国军舰

途经香港时，云从龙仍身着中山装。香港记者采访他后，在《加拿大籍教授云从龙谈新中国》一文中写道："……他没有和以前那些

外国游客一样，带回去大量中国古玩和刺绣，但是他却带回了一件'我最宝贝的纪念品'，那是一枚直径一英寸的'成都教育工会会员'的证章。"

1971年，云从龙夫妇应中国对外友好协会邀请访问中国，这一年云从龙76岁。中国翻天覆地的变化令夫妻二人恍若隔世，不胜感慨。

参加美国空军的云达乐

四

云达乐与妻子中年时期

采访间隙，云达乐会拄着拐杖带我到附近的森林里转转，指点着枫叶、松鼠、飞鸟讲述自己的人生经历。

我发现他有时把自己分为两个人，有时是年轻军人，英俊潇洒，神采飞扬；有时是垂暮老人，流露出担心成为别人的负担的忧虑。云达乐希望能再次到中国，但明白无法实现了。他的中国之旅，只能通过在书架上的无数中国书籍中神游实现。

他告诉我，2008 年他曾到中国造访父亲创建的学校，并与学校负责人以及学生们交流。父亲创建的华英中学，后来合并发展成为仁寿县第一中学。学校由于教学质量好，2013 年底被四川省教育厅批准为四川省一级示范性普通高中，还曾连续三届被评为"中国百强中学"。

2008 年云达乐访问仁寿一中并与学生交流

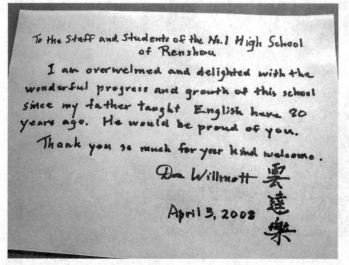

To the Staff and Students of the No.1 High School
of Renshou

I am overwelmed and delighted with the wonderful progress and growth of this school since my father taught English here 80 years ago. He would be proud of you.

Thank you so much for your kind welcome.

Don Willmott 雲達樂

April 3, 2008

2008 年云达乐给仁寿一中的题词

2008 年云达乐重返仁寿并给仁寿一中题词

云达乐与仁寿一中负责人在华英中学石碑前合影留念

一个长期从事教学的人，说到学校总有一种亲切感，而仁寿一中因为浸透着父母的心血与汗水，在云达乐心中有着特殊的意义。

在去加拿大之前，我特地去了一趟仁寿县，四处打听，最后在两位素不相识，却又热情善良的女士帮助下，找到位于曾家山上的云从龙故居。

一幢外表看上去颇有气派的中西合璧建筑，青砖灰瓦，两层楼高。内中由于多年无人居住，有些落寞破败。更令人遗憾的是，门口的文物保护石碑上竟误写成"文幼章故居"。

仁寿县云从龙故居

　民国时期的仁寿中学

云达乐为庆祝抗战胜利定制的毛料长衫

采访结束后，云达乐向我展示了两件珍藏多年的衣服：一件是七十多年前的军服，一件是抗日战争胜利后在西安定制的毛哔叽中式长衫。

他指着军服袖章上的三个图标说：这是盟军的标志，一个代表美国，一个代表中国，还有一个代表英国。

七十多年过去了，两件毛料服装居然没有一点损坏与虫蛀，可见云达乐是多么用心珍藏！

作者（右）与云达乐夫妇。云达乐身着为 1945 年纪念抗日战争胜利定制的长衫

他曾穿中式长衫给加拿大学生讲中国书法课，曾穿着军服参加中国抗日战争胜利纪念庆典。这两套服装留下了他生命中特殊的记忆。

他的夫人 Liz 是美国人，个性张扬强势，时不时埋怨丈夫："一点不会说，就像你父亲一样，所以一生默默无闻。"

面对妻子的埋怨，云达乐总是淡淡一笑。他是一个内心丰富的人，温和而不失力量，谦恭而有内涵，淡泊从容地活在自己的精神世界里。

分别那天，他特意穿上军装与我合影，最后向我行了一个庄严的军礼！

云达乐九十岁的军礼

作者（左）与云达乐

从哪里来，到哪里去，我心中渐渐有些明白，就像四周灿烂的枫叶，在风中缤纷飘洒，最后扑向大地……

第十章 《峨山图说》奇遇记

一

事情缘起于清朝光绪十一年（1885），终日郁郁寡欢的光绪皇帝忽然提出要到峨眉山祭祀，这是峨眉山历史上第一次正式有皇帝准备前来祭祀。

清末最详细全面的峨眉山志——《峨山图说》

在交通不发达的古代，到蜀地四川就如李白诗文中描写那般：蜀道难，难于上青天！因此，即便皇帝有到峨眉山的想法，也会被大臣们以各种理由劝阻，让皇帝改选在离京城较近的五台山。更别说那一年虚岁才15岁的光绪。

光绪虽然4岁即位，但实权一直掌握在强悍而有心计的慈禧太后手中。不过，光绪皇帝提出要去峨眉山，大臣们也不敢怠慢，因为幕后慈禧的心思颇难猜测。于是大臣们赶紧张罗开来，至于最后皇帝能否成行则另当别论。

四川道台黄绶芙受命后即令湖南籍举人、诗人兼画家谭钟岳前往峨眉山，描绘山上庙宇和胜迹，弄清沿途详情，以备皇帝驾临时诸多安排。

谭钟岳是个务实认真的人，在峨眉山奔波劳碌半年，作画 64 幅，写诗 46 首，并写下一些山上胜迹的笔记。当时全山有 120 座寺院，其中一半以上寺院被绘图记载，寺院与寺院之间的距离以脚步计算，最后形成《峨山图说》书稿。

光绪十七年（1891），《峨山图说》几经蹉跎，终于在成都会文堂镌刻出版①。该书为木雕版、宣纸印刷、套印图画、线装书籍。这是峨眉山历史上最全面、最详细、图文并茂的珍贵资料。

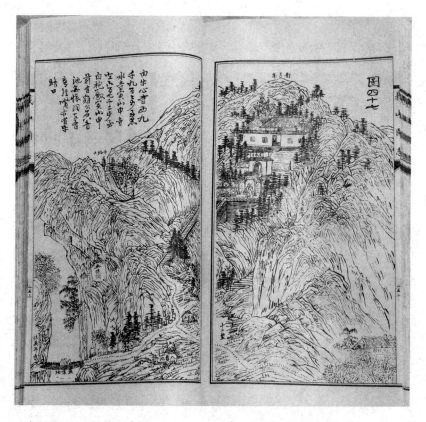

《峨山图说》所绘黑水寺

<hr>

① 该版扉页题名"峨山图说"，书眉却为"峨山图志"。鉴于"图说"之名早出，兹用"图说"，不用"图志"，下同。

由于当时印刷技术以及多种原因，《峨山图说》的印刷量十分有限，因此格外珍贵。

　　然而，光绪皇帝最终还是无缘来峨眉山。中法战争爆发后，接着又是甲午战争，再后来"戊戌变法"失败，光绪在幽禁中死去，他的一生充满屈辱与哀怨。这本可以说是专门为他编写的《峨山图说》，也许他根本没有看到。

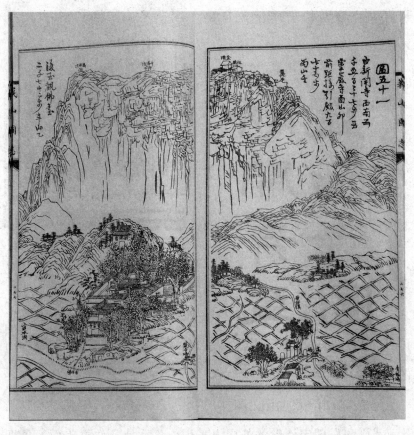

《峨山图说》所绘灵岩寺

二

时光飞逝，1921 年，美国人费尔朴远涉重洋来到四川，在成都华西协合大学文学院担任教授，同时又在华西协合中学兼英文教员。

这位 1899 年生于美国，毕业于加州大学东方学院的哲学博士，每到暑假都与一群同在华西任教的外籍教师到峨眉山新开寺避暑。

费尔朴在华西坝与熊猫嬉戏

一天，费尔朴意外看到线装刻本《峨山图说》，不禁被精美的套印图画、诗歌和历史地理记述所吸引，爱不释手，立刻出资购买下来，回家后经常翻阅，用他自己的话说是"久而益觉其意趣之丰厚"。以后，他逐渐萌发了将《峨山图说》翻译成英文，向世界介绍峨眉山的念头。

可是《峨山图说》是文言文，这对一个粗通汉语，主要教授莎士比亚戏剧和白朗宁诗歌的外国人来说，几乎是一件可望而不可即的事！

《峨山图说》所绘金顶

　　《峨山图说》中那些优美而又言简意赅的辞藻，很难用英文表述，且不说其中还有大量佛教词汇。有些词汇原本是由古梵语翻译成汉语，有意译和音译两种，再次翻译是否会出现歧义？

　　费尔朴犯难了，最后想到了他的同事，同在华西协合大学任教的考古学家葛维汉（David. C. Graham，1884—1962），便去向他请教。

　　葛维汉是美国阿肯色州人，1920 年获芝加哥大学宗教心理学硕士学位，后来又获得文化人类学博士学位，博学多才，精通汉语。广汉三星堆首次发掘就是由他主持，同时他还对中国西南少数民族进行了大量的调查研究。

　　葛维汉闻听了费尔朴的想法，大加鼓励和赞赏，建议他对峨眉山历史文化进行系统研究。

费尔朴备受鼓舞，在授课之余，开始一面深入学习汉语，一面研究《峨眉县志》《嘉定府志》，以及《眉州志》等方志书籍。他不仅埋头于书斋，每到假期，便背上行囊赶往峨眉山进行田野调查，以增强感性认识，掌握第一手资料。

中英文对照的《峨山图志》

经过三年半的努力，费尔朴克服了种种令人难以想象的困难，终于在1935年完成了《峨山图说》的翻译。

费尔朴在翻译中首先遇到的难题是，古代中国由于没有标准的汉语拼音，在教学生识字时，常使用两个常见的字进行反切拼出或以同音字直接标出这个生字的读音。这个方法一是太烦琐，二是不易读准。

民国成立后，虽然开始使用注音符号，但不易为欧美人士掌握。而我们现在使用的拉丁字母式的《汉语拼音方案》，是1958年才正式批准公布使用的。

如何解决书中的地名、人名等不能意译的问题？费尔朴想出一个细致而又科学的方法：首先是用威妥玛式拼音将汉字分别拼音，这个虽然有缺陷，但比较符合英美人士发音；其次为保万无一失附上中文；最后再翻译成英文。

再有，就是原书作者的图解采用中国指南针，对应繁复的天文系统，读起来十分费解。为了让西方人士易于理解，费尔朴认真研究中国罗盘，以一种新的定向法，使之能与外国指南针相符。

新版中英文对照《峨山图说》，改名为《峨山图志》，由成都日新印刷工业社代印。费尔朴在扉页上写道：

> 余素爱名山始自髫龄，实受吾父之灵感，爰以此书献于吾父费长乐。

时任峨眉山接引殿住持的圣钦和尚，应费尔朴之邀，为新版《峨山图志》作序。圣钦在序中写道：

> 美人费尔朴君在川侨居，于南台寺来函叙及，彼欲识得此山之真面目，遂不分寒暑，有暇辄一登临，复不惮烦劳，觅得《峨山图说》佳本，视同奇珍。延聘高士校阅，刊印流传，并译成英文以贡彼都人士……

圣钦和尚（1873—1962）俗姓贺，名永茂，四川省三台县人，16岁到峨眉山接引殿出家为僧。他在峨眉山创办峨眉佛学院，曾担任四川省佛教会会长，1953年受聘为四川省文史馆馆员。

圣钦老法师一生提倡僧伽教育，大力重兴古刹，整顿丛林，保护寺庙，对四川佛教发展贡献甚多。他生活勤俭，持戒精严，禅定功深，淡泊名利，在四川的佛教界至今有着极高的声望。

翻译完成后，费尔朴写了一篇《峨山图说·序》，简略描述自己对峨眉山的感悟，以及翻译的经过，洋洋洒洒近两千字，令人感动又感慨。

……未几，余复为峨山而神往，盖数百年来之醉心于此山者固不胜枚举。尝结伴香客，攀临此山之巅，深入檀林，遍谒神殿。严冬则积雪莹莹，盛夏则芳草青青，晨则旭日初升，金光灿烂，夜则皓月当空，银色荡漾，于是乎始睹此山之真面目焉。

文辞优雅，不但让人疑惑他是否是外籍人士，也许还会让今天一些中文系毕业的学生汗颜！

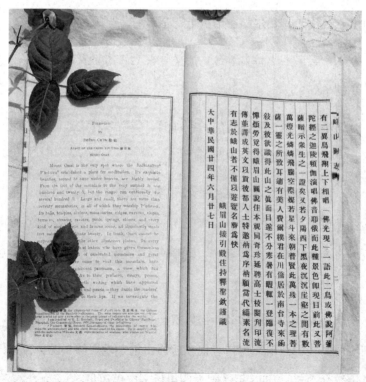

圣钦方丈为《峨山图志》作的序

一个人有所成就，绝非一朝一夕之功！

费尔朴自小爱山。他生于美国科罗拉多的落基山，稍长便出入于加利福尼亚塞拉山，每逢假日策马于莫哈维沙漠，徘徊于塞拉山的松林间。后返英格兰老家，他见家中珍藏有不少扶杖、登山器具，都是祖上攀登欧美诸名山留下的纪念之物。

前辈们不畏险阻、好探幽胜的兴致，直到年老也毫不衰减。

一次，费尔朴的父亲与人同登 4300 米的派克峰，忽然风雨交加，河水泛滥，费父率人勇往直前，泅水渡江，没有一丝气馁。

父辈们坚强的意志力，从小就给费尔朴留下了难以磨灭的印象。费尔朴年纪稍长，便喜欢与父亲登山，先后攀登过缅因州克塔山顶峰，加利福尼亚州的秃顶老山、灰背山等。

费尔朴到华西协合大学任教的第一个暑假，就与华西协合大学边疆研究会的同事一道，游历了贡嘎山、米章谷、巴地、巴旺等地，并拍摄大量照片。

费尔朴和他女儿

这些地方今天属于四川甘孜藏族自治州，其中丹巴县下辖的巴地乡（现在称巴底），因其姑娘们多次在甘孜州选美中夺冠，而被赞为美人谷，而巴旺乡至今还能看到巴旺土司官寨的遗迹。

我曾几次去过这两个乡，感觉那里的道路似乎永远修不好，颠簸震荡，尘土飞扬，尤其是每到夏天雨季来临时，滑坡和塌方犹如家常便饭。那里是我国地质灾害最频繁的地区之一。2003 年 7 月 11 日晚 10 时 30 分左右，一场特大的泥石流从天而降，造成巴底乡 51 人死亡或失踪。那些被冲毁的房舍，以及犬牙交错堆积在山谷中的巨石，至今让观者不寒而栗！

然而，八十多年前费尔朴的脚步就到达那里，那时除了马匹外，更多靠自己的脚力，翻山越岭，徒步行走。这不能不让人佩服！

激发他生命能量的是坚定的信念和坚强的意志。

在序言中，费尔朴还对鼎力相助的朋友致谢，如最后校正全书的四川大学教授黄方刚（1900—1944，江苏省川沙县人，中国民主建国会创始人黄炎培之子），指导他以罗盘辨别方位的谢静山，指点佛学知识的佛门大师太虚（1890—1947，浙江崇德人，近代著名高僧），峨眉山接引殿住持圣钦长老，刘豫波（四川著名诗人，1857—1949，成都双流人，光绪二十三年拔贡，曾担任四川省参议院议员，是成都有名的"五老七贤"之一），峨眉县长赵明松，以及自己的夫人费玛玉（M. H. Phelps，文学学士）等。

费尔朴通过翻译《峨山图说》，推开了进入中国文化宝库的大门。正如他研究峨眉山的心得：

扩而充之，且可使余深体中国人之精神，更进则其将为此精神之天才与真理发扬于西方之一助欤。

可以看出，费尔朴是将峨眉山当作代表中国人精神品格的象征来研究的。他深信中华文化的精髓将有助于西方文化的发展。

三

　　2011 年 8 月的一天，我接到孙建秋教授从北京打来的电话，请我帮她辨识其父孙明经 1938 年在峨眉山和乐山拍摄的老照片。她当时正为编辑出版父亲手记《孙明经手记》一书忙碌。

　　孙建秋教授退休前是北京外贸大学英语学院的教授，其父孙明经是我国著名电影先驱、摄影家。《孙明经手记》出版后，孙建秋教授在谈到《定格西康》一书时，讲起她父亲回忆的一件事：

　　　　1938 年他们在四川峨眉山、乐山、自贡等地考察完后，正打算去西康省，可是一些人听说那里土匪猖獗，道路艰难，便找各种借口打退堂鼓。而孙明经则去华西协合大学拜访了一位美国人，因为他听说此人曾去西康等地考察，对当地情况比较了解。

　　这个美国人就是费尔朴。

　　最终，孙明经等 4 人坚持去了西康省，并在德格、甘孜、康定等地拍摄了大量珍贵的照片，成为今天研究四川藏区历史文化的重要文献资料。

　　费尔朴与同在华西协合大学任教的英国人徐维理、加拿大人云从龙，因为反对国民党独裁与内战，支持学生运动，被称为"传教士中三位布尔什维克"。

　　费尔朴从研究峨眉山开始，逐渐成为中国西南文化人类学学者。

　　1952 年，费尔朴带着无限眷恋与无奈离开了中国。这一年他 53 岁，他美好的青春年华是在中国度过的，他能带走的只有《峨山图志》，以及无数值得回忆的往事。

也许，他无论如何也想不到，他翻译的这本《峨山图志》，后来经历了更为奇特的遭遇。

在美国人费尔朴历经千辛万苦翻译《峨山图说》之后，瑞典人马悦然与《峨山图说》邂逅，并演绎了一个更为传奇的故事。

马悦然（Goran Malmqvist），1924 年 6 月出生于瑞典南部，如今是蜚声世界的汉学家，诺贝尔文学奖 18 位终身评委之一。他曾经翻译过《水浒传》《西游记》，并向西方介绍《诗经》《论语》《孟子》《史记》《礼记》《尚书》《庄子》《荀子》等中国古典著作，是个地道的中国通。

马悦然

他与中国有深厚的渊源，第一任妻子是个成都姑娘，妻子过世后，续弦又找了一位中国女子。

马悦然最初对中国发生兴趣，是读了林语堂的英文版《生活的艺术》，于是拜瑞典汉学家高本汉为师，以《道德经》为起始点，开始了对中国文化的探寻。

1948 年，马悦然申请到美国洛克菲勒基金会的奖学金，离家前往中国调查方言。

高本汉早年的研究方向主要集中在中国北方，对南方语音系统相对陌生，便让其弟子到四川进行方言调查。

而此时，马悦然还不会说汉语，可是他在重庆和成都仅用了两个月的时间，便粗略学会了西南官话。接着，他到达乐山。他觉得乐山方言极有特色，保留了许多古音，他想把研究重点放在乐山。

时任乐山县长得知他的想法后，写信恳请峨眉山报国寺方丈果玲让马悦然住在庙里，以便从事方言调查。

县长与果玲相识，知道果玲出家前曾在大学里教授国文等课程，颇有学问，不少到峨眉山游览的文人雅士，都以能与他唱和诗词为荣。蒋介石、郭沫若、齐白石等人均为果玲和尚留下墨宝。

县长心想马悦然如果能得到果玲和尚的指点与帮助，必定大有收获。

在征得果玲和尚的同意后，马悦然于1949年的大年初一来到位于峨眉山麓的报国寺。当时峨眉山共有120座寺院，其中报国寺为峨眉山出家人最多的寺院，住有40个和尚。

果玲和尚每天早饭后向马悦然授课两小时，首先是四书，即《大学》《中庸》《论语》《孟子》，接下来又教《唐诗三百首》、汉朝五言诗、乐府、魏晋南北朝诗等。

课余时间，马悦然经常到附近乡间记录当地方言，他觉得峨眉方言最特殊的是有的去声变入声，"四"与"十"是同音字，声调较高。

庙里的其他和尚，以及附近的农夫见一个外国人热心学习和研究峨眉方言，既惊讶好奇，又充满热情，亲热地称他"马洋人"。

果玲建议马悦然用化学方法分析不同地点的水，他认为水的质量会影响到居民的发音。为此，他还带马悦然到清音阁品茶。果玲觉得清音阁有峨眉山最好的山泉。

《峨山图说》所绘报国寺

　　马悦然在报国寺生活了八个月，不但与果玲建立了深厚的友谊，也与寺里的其他和尚成为朋友。其中五个约八九岁的小和尚发现马悦然喜欢花后，专门到山里为他挖回一棵玫瑰灌木。有一天晚上，他们还抓了许多萤火虫，请马悦然到山门后的大天井里，观看黑夜里萤火虫飞舞时划出的美丽金线。

　　这期间，马悦然听果玲谈起过《峨山图说》，但是并没有见到，心里非常遗憾。

　　马悦然从报国寺返回成都时，在途中遭遇劫匪，随身所带的行李被洗劫一空。因为拮据，他只好省吃俭用，光顾书店打发时间，不料却意外惊喜地在一个卖古旧书籍的铺子里淘到《峨山图说》！此后，他绕道香港，远渡重洋返回瑞典，将这本木刻线装书视为宝贝，珍藏在自己家中。

《峨山图说》所绘大坪禅院

同时，这趟调查之行，让年轻的马悦然不光在中国南方方言的调查研究上收获颇丰，为自己终生的研究课题奠定了厚实的基础，也赢得了成都姑娘陈宁祖的心。这使他的爱情婚姻一辈子充满浪漫与幸福。

世间一些看似奇妙不可思议的事，其实是因缘的聚合。

在马悦然得到《峨山图说》的 20 年后，也就是 1969 年 8 月，香港每 15 年举办一次的菊花诗歌比赛大会上，一位八十高龄，名为覃斌森的老人获得第一名。

一个爱好中国文化的瑞典医生 Per Udden 参加了这个活动，更奇特的是不会讲汉语的 Per Udden，与只会讲中文的覃斌森立刻成为朋友。

Per Udden 认为有必要让瑞典人认识一下覃斌森，于是到北欧航空公司香港总局，以不容置疑的口吻要那里的工作人员给覃斌森一张瑞典的来回机票。理由是：瑞典人从未见过菊花诗比赛得第一名的中国老诗人！他们正需要与这位诗人见面。

四

瑞典是一个文明而又开放的国家，愿意接纳不同的文化，于是 Per Udden 的愿望实现了。北欧航空公司给覃斌森老先生一张香港往返瑞典的免费机票，欢迎他去瑞典。

覃斌森老先生在 Per Udden 家住了很长时间。有一天 Per Udden 不得不出差一周，他的主要工作是从事残障人士所需工具的研发，在瑞典很有名气。

于是，他给素未谋面的马悦然打电话，请马悦然到首都一家中餐馆吃饭，目的是要他把覃斌森老先生接过去住一周，直到他出差回来前好好照顾老人。

覃斌森是诗人，马悦然收藏的中文书籍中诗歌很多，于是覃斌森、马悦然和马悦然的妻子陈宁祖三人经常在花园里谈论诗歌。覃斌森还对马悦然的诗歌提出修改意见。

瑞典的 8 月气候温和，鸟语花香，是一年中最好的季节。在这种氛围下写诗、谈论诗歌真是悠然惬意！一周的日子眨眼就要结束了。

就在最后一个晚上，不知何故话题一下说到峨眉山。马悦然谈到自己在报国寺几个月生活的经历，以及在乡间的田野调查。

《峨山图说》所绘圣寺晚钟

　　马悦然说罢，覃斌森说自己的父亲曾经受四川道台黄绶芙之命，到峨眉山描写庙宇与胜迹。父亲在峨眉山住了大半年，绘了64幅画，作了46首七言绝句，并写了很多关于峨眉山胜迹的笔记。后来父亲的手记木刻出版，书上虽然写的是黄绶芙、谭钟岳合著，但其实是父亲独自完成的。由于父亲早逝，他从未见过这本书，甚至连父亲的书法手迹也没见过，多年来他一直在寻找，但是毫无结果……

　　覃斌森说到此十分伤感，他是1949年到香港定居的，那个年代要从香港去故乡很难，一个80岁的人几乎绝望了。

　　马悦然听罢大惊，赶紧到书房里拿出珍藏已久的《峨山图说》。覃斌森一见到书禁不住泪流满面。原来《峨山图说》作者谭钟岳正是覃斌森的父亲！这本书正是他一辈子都在寻找，日思夜想盼望得到的父亲遗作！

马悦然震撼之余，将心爱的《峨山图说》赠送给覃斌森老人。

他们俩都对这奇妙的缘分感到震惊！

马悦然20年前淘到线装的《峨山图说》，与20年后覃斌森老人在菊花诗会上获第一名，看似毫无关联，然而，他们却奇妙地遇见Per Udden 医生，覃斌森老人得到北欧航空公司的帮助，再后来覃斌森老人到马悦然家小住，碰巧最后一天晚上谈起峨眉山。这中间任何一个环节稍有偏差，都可能使覃斌森老人与《峨山图说》失之交臂，无缘相见。

20世纪30年代拍摄的峨眉山风光（文忠志提供）

可是，覃斌森老人偏偏一步不差，跨越大洋彼岸追寻到父亲的足迹！这本线装书远渡重洋，躲过了无数次灭顶之灾，尤其是"文化大革命"。

谭钟岳地下有知，一定会感到欣慰，尽管有些说不出的酸涩。而他的儿子覃斌森为什么会将"谭"字的"言"旁去掉，改成为"覃"，不好随意臆测。

我见过覃斌森的照片：须发尽白，长髯飘飘，清瘦的身上一袭长衫，有几分仙风道骨。从他的身上可以大致推测出父亲谭钟岳的模样与气质。

谭钟岳在《峨山图说》的序中写道：

> 丙戌夏，钟岳从公嘉州，奉檄绘峨山全图，缘大夫接奉朝命特颁祀典，将以图进呈也。钟岳虽不敏，义不获辞，遂囊笔前往。栉风沐雨，缒险涉幽，常遇巨蟒，大如斗，修十余丈。又虎叠其间而皆不见害。形劳心旷，疑有神助，历半载而图成。所历胜迹，一水一石未尝遗漏，亦小臣涓埃之效也。

谭钟岳以艰辛的付出，为后人记录下峨眉山这份自然与文化遗产。而马悦然以千里迢迢不弃不离的执着，保护了这份珍贵的资料。他们都爱峨眉山。仁者乐山！

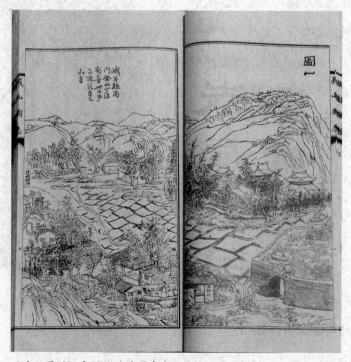

《峨山图说》中描绘的峨眉城南

《峨山图说》历经多年的辗转，终于回到了故乡。

1984 年，四川人民出版社第一次出版发行《峨山图说》。

十多年后，我在峨眉山万年寺采访一位法师。记得那是一个雨天，庙里很清净，法师给我讲了许多往事。临别时他说送我一本书，不料竟然是我梦寐以求的木刻线装版《峨山图志》，费尔朴翻译的，中英文对照，实在让我喜出望外！

这本书后来我读过多次，每次翻阅都会生出许多感慨：峨眉山还有多少不为人知的故事？

五

2008 年秋，我在报国寺给来自北京某学院的师生讲述峨眉山佛教历史文化。最后一节课我讲到了《峨山图志》。当讲到覃斌森老人悲喜交加见到父亲的遗作时，大家不禁鼓起掌来。有几个女生忍不住潸然泪下。

那时，我在心里暗暗发下一个愿：挖掘《峨山图志》背后更多不为人知的隐秘。

2012 年 4 月 26 日，我受邀到成都宽窄巷子参加一个老照片展。那些珍贵的老照片是清末民国时期来四川工作的加拿大人保存下来的。

陈大维父亲保留的《峨山图志》，1936 年出版，中英文对照

在张颖明先生的帮助下，从几百张老照片中，我终于找到一张费尔朴中年时期的照片，只见他西装革履，怀抱大熊猫，清瘦的脸上洋溢着开朗的笑容。

这是我第一次目睹费尔朴的真容。尽管照片很小，但还是感到一丝欣慰，对与《峨山图志》有关联的三个主要人物总算有了大致概念。

我向展览主办方打听费尔朴后人的消息，得到的回答是：杳无音讯。

2013 年当我开展"清末民国时期西方文明对乐山社会发展的影响研究"课题时，陆续搜集到关于赫斐秋（Virgil C. Hart）、启尔德（Omar L. Kilborn）、文幼章（James Gareth Endicott）、谢道坚（C. W. Service）、苏继贤（Walter Small）、孔昭潜（Albert P. Quentin）、谭国梁（A. J. Barter）、梁正伦（Alexander Stewart Auer）等人的文献资料和照片，可是费尔朴依旧只有一张小照片。

2015 年秋我在加拿大采访文忠志，他告诉我 2002 年他到乐山时，曾特地去峨眉山新开寺寻访故居。峨眉山罗目镇和平村 12 组的赵青和、鞠安村 8 组的李金明给他当向导，并在山上扎帐篷住了一夜。说到高兴处，87 岁的老先生起身去书房，有些神秘地说要拿一样稀奇的东西给我看。出人意料，竟是费尔朴翻译的 1936 年出版的《峨山图志》！

我忙问他是否认识费尔朴，文忠志先生答：当然。不过费尔朴比他高一辈，是父亲的朋友。他指着我坐的沙发说：当年费尔朴来我家，就是坐在你现在所坐的位置，《峨山图志》就是他那次来时赠送的……

可是就在我以为找到费尔朴线索时，文忠志老先生戛然而止，说那次拜访之后，费尔朴与文家再无联系。

线索再次中断！

两天后我在 Owen Sound 采访九十高龄的云达乐，不想峰回路转，让费尔朴穿越历史向我走来！

云达乐（Don Willmott）是云从龙（Leslie Earl Willmott）的长子，1925 年出生在四川仁寿县。他是父亲创办仁寿华英中学（仁寿一中的前身）之外的成果，童年和少年在黄思礼担任校长的 CS 学校读书，也因此会讲一口流利的四川话。

1944 年，19 岁的云达乐被招募到美军空军情报部门担任中文翻译，参与中国的抗日战争。2005 年，云达乐受中国政府邀请到北京参加抗日战争胜利 60 周年庆典，并被授予"中国人民抗日战争胜利 60 周年纪念章"。

云达乐保留的 1936 年版中英文对照《峨山图志》

峨眉山金顶肉身菩萨（云达乐摄）

民国时期遭到严重损毁的峨眉山
万年寺普贤菩萨像（云达乐摄）

由于长时间不用中文，加上听力障碍，云达乐几乎不能讲中文了。

在采访中，我得知云达乐与费尔朴曾有很多交往，两家人过从甚密。云达乐的一生深受费尔朴的影响，尤其是在学术研究方面。有关内容，请读者参看本书第九章"云达乐的世界"第二节，此处不赘述。

他到楼上书房里取出珍藏的《峨山图志》，1936 年的版本，费尔朴赠送他的。

在云达乐讲述中，费尔朴的事迹越发丰满起来。

费尔朴的幼子在四川宜宾病逝。费尔朴悲痛之余，为纪念儿子捐资修建了青年社，帮助了更多的青少年获得读书机会。费尔朴曾被列为三个"传教士中的布尔什维克"之一，原因也是同情帮助学生。

20 世纪 40 年代中期，十多所高等院校师生在南京举行"反饥饿、反内战"游行，不料竟遭到军警武力镇压，致使上百人不同程度受伤，20 多人被捕入狱。消息传出，一片哗然。

华西协合大学的学生准备组织游行，声援被捕和受伤学生。为了不事前暴露，学生代表找到费尔朴，希望借他家客厅秘密开会。

费尔朴反感国民党的独裁统治，同情手无寸铁的学生，不但把客厅提供给他们，还煮咖啡款待大家。哪知会议刚开始，就有人堵上门来，称"抓共产党"。费尔朴赶紧打开窗户，帮助学生一一逃走。事后，几家国民党主办的报纸纷纷渲染"费尔朴策动罢课内幕""费尔朴事件"，说共产党在费尔朴家开会准备暴动云云。

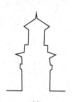

清末峨眉山金顶华藏寺（谢道坚摄）

　　时任南京国民政府教育部长的陈立夫闻讯大怒，责令华西协合大学解聘费尔朴。最后在各方人士的努力下，费尔朴才算躲过一劫。

　　云达乐因为戴助听器的缘故，平时言语较少，采访他的问题几乎都被妻子 Liz 抢答。

　　Liz 是美国人，与云达乐结婚后入加拿大籍，至今保持着美国女人高调强势的秉性。虽已 87 岁，但精力旺盛，声音洪亮，记忆力惊人，还喜欢开快车。初见她踏油门的架势，让我一阵心惊肉跳。好在加拿大人口稀少，交通井然有序，且油价极低，这使她老年依旧可以任性。不过也由此大致推断出她年轻时的做派，云达乐大约只能俯首称臣。

　　云达乐继续给我讲述费尔朴的往事，谈论费尔朴与他的《峨山图

256

志》，谈着谈着不知怎么地话题一下扯到费尔朴的女儿身上。

那一瞬间，我看见他干涩的老眼里闪过一道温柔的光泽。我正诧异，Liz 的高音从厨房里传出"Don——"云达乐一愣，马上不吱声了。

清末峨眉山僧人（谢道坚后人提供）

Liz 每每对他发号施令，总是先高声叫他英文名字"Don"，然后布置任务。不过这次叫了名字却没有下文，似乎是一个警示。

我诧异，抽油烟机轰鸣与锅铲的碰撞声，竟然没有妨碍她听到我们的谈话。

Liz 三下五除二从厨房出来，并且一下把话题扯开，谈起她与云达乐在印尼的往事，滔滔不绝，丝毫不给我插话的余地。原来她与云达乐是康奈尔大学的同学，颇有艺术天赋，若不是三个孩子和家庭的拖累，或许她是一个卓有成就的艺术家。这也成为她现在时不时埋怨云达乐的一个重要原因。

关于在印尼的往事，Liz 直说得口干舌燥才停下。在她起身去冲咖啡的间隙，云达乐才用手悄悄做了一个鸭子不断张嘴的动作，意指妻子话多爱说。

不过在 Liz 接下来的谈话中，云达乐一直未开口。我心里隐隐感到云达乐与费尔朴女儿关系非同寻常，只是碍于 Liz 在场，不便冒昧打听。此后，我也一直没有机会追问，只好不了了之。

在 Owen Sound 三天的采访转眼结束了，离开时我去向云达乐一家告别。云达乐问我还会再来吗，我一时不知该如何回答。无论是善意的谎言，还是据实相告，经历了九十载人生的老人早已洞悉一切。他明白此生再难相聚，坚持把我送到门外，直到我登车准备启程时他才忽然冒出一句："我差一点成为费尔朴的女婿。"

原来如此！

一群留长辫的清兵到达峨眉山洗象池（谢道坚摄）

为什么没走到一起？惊讶之余我问。云达乐悠悠地说：大约是上帝的安排吧！

离开 Owen Sound，我穿行在一望无际的枫叶林中。加拿大秋天有令人沉醉的美，天高地阔，流光溢彩，让人不由联想起这个季节的峨眉山，联想起与之有关的《峨山图志》，再细想相遇《峨山图志》的人，无不与峨眉山有着特殊的一份缘。

这份缘，让冥冥之中相遇的人暗自发下宏愿，犹如在人们心中播下一粒希望的种子。当种子与阳光、雨露、土壤相遇时，它就萌芽、生根、开花、结果，世世代代传递着永恒的依恋……

第十一章 情系月亮门

一

姚守仁（Ralphe Outerbridge）是一位杰出的加拿大医生，在民国时期最动荡的日子里，偕妻子在四川度过了十三个跌宕起伏的春秋，以精湛的医术为中国百姓救死扶伤。

姚守仁与夫人

姚守仁与中国的缘分要追溯到他的父亲。其父是一位传教士，1912 年偕妻子到日本传教。姚守仁就在这年出生在日本，直到 17 岁准备上大学，才返回故乡加拿大。

十七年异国他乡的耳濡目染，在这个英俊的西洋少年骨子里积淀下浓浓的东方情结。他潜意识里已有学成之后返回东方的念头。不过，却不是返回日本，而是中国。在学习日文时，他就对日文发源地中国产生了浓厚的兴趣，这个古老的国家对他而言有太多的神秘与不可思议之处！

姚守仁在多伦多大学医学院最后一年实习时，认识了 Margaret。

Margaret 是一名护士。令姚守仁没有想到的是，Margaret 出身于一个医学世家，其父正是姚守仁所在实习医院的内科医生。她父亲在这个医院之外，还负责着另一所医院的工作。因此，Margaret 每年有一半时间在多伦多医院总部担任特殊护理，另一半时间则在父亲负责的医院里工作。

Margaret 家境优裕，受过良好教育，美丽聪慧，做事有条不紊，姚守仁几乎对她一见倾心，只因为想去中国，担心 Margaret 拒绝而不敢轻易表白。

1936 年姚守仁获得博士学位后，留在医院当外科医生，收入丰厚，生活稳定。但是，他向往中国的念头却越来越强烈。

姚守仁把自己的想法写信告诉仍然在日本工作的父母，得到了他们的支持，这让他非常开心。他把自己的打算告诉 Margaret 并向她求婚。可 Margaret 有些犹豫和担忧，理由是中日战争爆发了，中国陷入战火之中。她给姚守仁写信，希望他能留在加拿大发展，或者选择去其他相对安全的地方。

童子军在训练（云达乐提供）

姚守仁在给 Margaret 回信中写道：

我想到首先要爱他们，理解他们。他们的贫穷和苦难，在我童年时便深深留在我脑海中……

我决定成为一个医学传教士去远东。经过八年的观察与思考，我觉得应该在某一天，在上帝的指引下，去一个东方小地方生活并长期工作，在我去之前就把自己放在自己确定的目标上。

亲爱的，我肯定许多人会认为我做的事非常愚蠢，是无谓的牺牲，但是我不这样看。那是一个困难的工作，胆小鬼是不能胜任的，需要我们用全部精力付出。这是一项可能会奉献出生命的工作，我相信也会给我们带来巨大的喜悦……

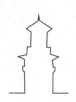

教堂和医院所在的嘉定白塔街

　　姚守仁的冒险、博爱、奉献精神和坚强的意志，终于赢得了 Margaret 的芳心，她决定嫁给他并跟随他一同去中国工作。

　　1938 年 5 月 1 日是姚守仁生命中重要的日子，这一天他接受加冕，成为一名传教士。在接受了祖父以及朋友们的祝福后，他讲述了申请去中国的缘由，并请大家为他祈祷。在场的人无不为之动容。

　　加冕之后，姚守仁与 Margaret 举行了婚礼。

　　1938 年姚守仁偕新婚的妻子途经东京探望父母，这才得知中国的局势非常严峻，由于日本飞机不断轰炸，重要的交通枢纽几乎陷入瘫痪状态。他们不得不从香港经越南海防到昆明，再转道重庆去成都，虽然一路颠簸，倒也没有更多惊险。

　　两人正暗自庆幸，不想 11 月 22 日，日军飞机轰炸成都。遍地硝烟、瓦砾、尸体，战争的血腥与恐怖一下子展现在姚守仁夫妇眼前。

二

1939 年夏季在嘉定医院工作的姚守仁，带妻子到峨眉山新开寺避暑，想让紧张不安的 Margaret 在山里好好放松一下，使身心得到休整。

可是没有想到，他的屋子很快成了山民们的免费诊所。

经历了成都大轰炸，峨眉山美丽宁静的风光让姚守仁夫妇身心舒畅起来。Margaret 在日记中写道：

> 佛教圣地峨眉山的主峰金顶超过一万英尺。金顶的命名，是因为顶端有座古老的寺庙，传说曾经被覆盖在金色的叶中……当云海聚集在山峰的边缘，光影折射将人影罩在其中。这一自然景象，被佛教徒们称为"佛祖的荣耀"……

Margaret 最初无法适应峨眉乡村垃圾遍地、家禽四处乱窜、难闻的气味等，对轿夫们抽鸦片、不讲卫生感到厌恶，也对他们巨大的食量和夏季喝热茶感到不可思议。但是通过一段时间与山民们相处，Margaret 感受到山民们的艰辛与无奈，彼此消除了隔阂，逐渐和睦起来。

姚守仁在山上遇见一个脊柱弯曲的孩子，便义务为其治疗，使其逐渐恢复健康。这让山民们把姚守仁看成一个奇人，不知这位洋医生用什么方法治好了怪病?!

童子军（云达乐提供）

由于山高路远，医疗缺乏，对新生儿出生缺陷以及后天残疾等问题，大多数山民无可奈何，只能听天由命。他们开始关注起姚守仁来。

外国儿童和家人与中国朋友合影

如果说姚守仁治愈脊柱弯曲的孩子被当成偶然，那么不久又发生的一件事，让姚守仁成为山民眼中的神医！

一天晚上，已经熟睡的姚守仁被一阵急促的敲门声惊醒。来人神色慌乱，急切地央求姚守仁前去救人：一个年轻的女子因与丈夫吵架，吞服生鸦片自杀。姚守仁来不及多想，赶紧带上急救药箱上路。

自鸦片在中国泛滥以来，不少峨眉山民染上吸食鸦片的恶习。尤其是男人，他们认为鸦片不但能提神，迅速恢复体力，还能治疗一些头痛脑热咳嗽之类的小病，于是由尝试逐渐上瘾。

一些山民家里也存有少量鸦片。于是，一些妇女一旦想不开，在各种自杀方式中会首先选择吞食生鸦片。其一是对男人吸食鸦片不满的抗争；其二，鸦片被一些人称为"福寿膏"，以吞食"福寿膏"而死，也算对自己苦难的最后一丝安慰。

生鸦片中所含的生物碱，会引起人急性中毒，造成呼吸抑制而死亡，一旦过量吞食很难抢救过来。

山路漆黑，姚守仁一路磕磕绊绊到达女子家里，但见女子双目紧闭，脸色发青，昏迷不醒。

姚守仁以往没有接触过吞食生鸦片自杀的患者，此行到峨眉山是带妻子避暑，只带了少量的药品和简单的医疗器械。而救治服毒者最快捷有效的办法是洗胃，只有迅速将胃里的东西冲洗出来，患者才有可能获救。

可姚守仁身边没有洗胃的工具，他深知时间不等人，只得让人端来一大钵水，将自己带来的芥末放入其中，然后撬开女子的嘴灌下。

芥末有极强的解毒功能，芥末溶液进入胃中不但可以催吐，还能清洗胃中的毒素。

过了一阵，女子终于有了一点反应，接着开始干呕。然而只有一阵又一阵巨大而又痛苦的干呕声，却始终没有呕吐出来。姚守仁这才意识到鸦片已经伤害到女子的胃神经，致使无法达到催吐效果。他只得另想办法，折腾了大半夜，终于找到一根管子为女子清胃，使她死里逃生。

几天后，这位腼腆的女子拿着玉米来感谢姚守仁，面对救命恩人，她眼含泪水半天说不出话来。

这两件事后，姚守仁妙手回春的医术在峨眉山传播开来，不断有人找上门来求医。

姚守仁先后为一百多名山民看过病。山民们为了感谢他，不时给他送一些新鲜瓜果和蔬菜。有一位老人，还特地采集野花送给Margaret。

正在嘉定医院诊治病人的高文明医生（右）　　曾在乐山医院工作过的王春雨医生

　　心情舒畅的日子没过多久，新的威胁又一次临近。

　　1939 年 8 月 19 日，姚守仁与妻子忽然听到一阵爆炸声，接着他们看到嘉定方向升起一股股浓烟。凭借在成都遭遇过大轰炸的经历，姚守仁断定嘉定遭到日本飞机轰炸。

　　他顾不得多想，立刻与一名加拿大医生以及另外两名在峨眉山避暑的传教士商议，组成了一支四人紧急医疗救助队，连夜徒步赶往嘉定。

　　经过 10 小时疾走，待他们到达嘉定仁济医院时，不禁被眼前的景象惊呆了：四周一片瓦砾，尚存的门诊走廊和病房中一片混乱，横七竖八躺满了血肉模糊、缺胳膊少腿的伤员，呻吟声、哀号声此起彼伏。有的伤员由于来不及救治已经死亡。

　　突然而至的空袭让人们惊恐不安，又担心敌机再次袭击，纷纷往城外逃。

　　姚守仁等人来不及喘口气，马上投入抢救。烧伤、断肢、骨折，一个接一个，源源不断的伤员被送来。他们马不停蹄地做了一天一夜的手术，直到所有伤员得到救治，才于 21 号半夜返回峨眉山。

Margaret 在日记中写道："因为连续工作过度疲劳，（他）显得憔悴、消瘦、面部皮肤干而紧，头像个骨架……"

Margaret 被吓坏了，她更加思念故乡，思念父母。姚守仁不断安慰她，鼓励她。

为了让她放松、开心，姚守仁不时带 Margaret 到山里游览，还组织加拿大学校的孩子开音乐会，自己登台演奏小提琴，以驱散 Margaret 心中的阴霾。

姚守仁的母亲，大学是学音乐专业的，是一位训练有素的女高音歌唱家，与姚守仁父亲结婚后，在丈夫就职的大学里负责歌咏队的工作。从小耳濡目染，使姚守仁对音乐不但充满兴趣，还有较高的鉴赏力。他从学生时代就开始上台演奏小提琴。其弟弟亦表现出这方面的天赋，经常举办家庭音乐会。

为了躲避日本飞机的空袭，加拿大学校也由成都迁往峨眉山新开寺。姚守仁工作之余，不但经常给孩子们演奏小提琴，还与他们一道在山涧游泳。

曾在乐山医院工作过的洪乃宽医生

曾在乐山医院工作过的胡祖遗医生（左）与妻子

姚守仁的创造热情、乐观态度，以及动手能力，使之能在极其艰苦的环境下改善条件，并积极影响他人乐观向上。

Margaret 后来在《月亮门那边的故事》一书中，将自己在峨眉山的经历，写入"峨眉山：第一次考验"一章。

经历了这段考验，Margaret 逐渐坚强起来，她也从最初的恐惧担忧，到从容面对，并热爱、眷恋这片土地。

三

1941 年，姚守仁从仁寿县医院调到荣县医院，还被提升担任院长。然而初到荣县一切都不顺利。这里寄生虫、疟疾、性病、结核病流行。而普通百姓由于生活艰难，缺乏卫生知识，不到万不得已是不会到医院就诊的。

医院对面街道上居住着一位妇女，4 年前发现肚子开始长大，但又不是怀孕，直到肚大如鼓，行动十分困难才到医院就诊，原来她患上了卵巢囊肿。姚守仁为她实施了手术，切除了重达 90 磅的囊肿，而她本人的体重不过 86 磅。

类似的几起病例，让姚守仁意识到："今后更大的责任还是与无知、愚昧及迷信作斗争。"

而更让姚守仁想不到的是，医院雇佣的几个工人，竟然联手偷盗库存的药品，转手倒卖给城里一家药房。

姚守仁发现后，立刻开始清理整顿，并亲自管理药房。他认为自己所处的医院无论大小，都应该成为服务优质与疗效显著的典范。

正在游戏的中国儿童（云达乐提供）

在荣县，姚守仁一家认识了一对终生难忘的中国朋友：谢昭传与他的妻子刘女士。

刘、谢两家是当地大户，既较早接受西方文明，也与清末著名学者赵熙先生是朋友。姚守仁是在一次宴会上认识谢太太的，得知她有四次流产经历，便为她诊断，建议补充一些雌激素。当时中国买不到这类药，Margaret 便写信让在成都的加拿大朋友分出一点寄来，最终使谢太太生下一个健康漂亮的女儿。

从此他们成为好朋友，姚守仁夫妇成为谢家夫妇孩子的教父教母，谢家夫妇也成为姚守仁孩子的教父教母。姚守仁一家甚至受邀请参与谢家的祭祖活动，进入供奉祖先牌位的祠堂。这意味着姚守仁一家被纳入谢氏家族。

Margaret 后来亲切地称谢太太为八嬢。谢太太在娘家排行第八，成年后至亲们都称呼她八嬢。八嬢是个热情有教养的人，有时会给 Margaret 讲唐代诗歌，引领她了解更多的中国文化。

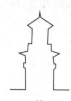
Margaret 在书中写到，第一次受邀到谢家做客时，就被谢家大门内那道月亮门深深吸引。"谢家的大门又黑又重。进入大门 50 英尺处，有一道可爱的月亮般的大门，门内有一个培植得很好的花园。"

Margaret 得以了解月亮门是中国文化的一种表现，在外在的浪漫中，巧妙地表达中国人天人合一的理念，以及尊卑有礼、长幼有序、内外有分的伦理思想。

根据姚守仁夫人日记整理完成的书籍《月亮门那边的故事》

后来 Margaret 将丈夫与自己在四川的经历，以《月亮门那边的故事》之名出版，书名便源于谢家的月亮门。她由此开始逐步深入了解中国文化。

1944 年底姚守仁一家离开荣县，谢太太的父亲，当地的乡绅刘力谋请赵熙先生为姚守仁题字一幅。

赵熙挥毫写下："凡木所芘，其地则瘠。惟楷不然，叶落泥水中辄腐，能肥田，甚于粪壤，故田家喜种之。得风，发发如白杨也。"

书法内容取自苏轼《杜甫楷木诗卷帖》。楷木是蜀中农家最喜欢种植的树木之一，生长迅速，枝繁叶茂，又能肥田。赵熙将姚守仁比喻为楷木，迅速在四川扎根，并以医术造福四川百姓。

赵熙（1867—1948），字尧生，号香宋，荣县人氏。25 岁中进士，先后担任翰林院国史馆编修、监察御史。工诗，善书，被称为

"晚清第一词人"，为蜀中五老七贤之一。蜀地有"家有赵翁书，斯人才不俗"之说。

曾担任成都市市长的余中英，在《赵熙书法集》序中写道："先生在官，风骨凛然，为御史首劾庆亲王奕劻诸权贵，直声震世，号为清流。平生所长在诗及古文，书法与词盖余事耳。"

郭沫若对赵熙也十分推崇，曾出资助印《香宋诗前集》上下册，录诗 1300 余首。

一个清高的儒家知识分子，与一个虔诚的基督徒在关心黎民百姓方面心有灵犀！

1950 年底，姚守仁一家离开了中国，此后与谢家中断了联系。1986 年，姚守仁带三个孩子来四川，故地重游，想了却一桩心愿：再次见到谢先生一家。

Margaret 已于 1984 年过世。她在世时一直为谢家祈祷，每每听到有关于中国不幸的消息，都会令她生出许多担忧：谢家不会有难吧！她对谢家的牵挂一直到生命终结之时。姚守仁是带着 Margaret 的遗愿回中国寻找谢家下落的。

可是姚守仁四处打听，始终没有谢家一丝的音讯。他只能期盼谢家那扇月亮门在通往天堂的路上洞开，让老朋友相聚。

四

1950 年 11 月，姚守仁一家与在四川的西方人被要求限时离开。姚守仁内心五味杂陈，说不出的别离愁。他特地在华西协合大学举办了一场音乐会，这是他在中国最后一次演奏小提琴，往事伴随琴音，一幕幕在眼前浮现。

嘉定、仁寿、荣县、自贡、成都，从临床到教学，从外科到骨科，他拯救了许多中国人。

曾在乐山医院工作过的高文明医生

为了在骨科方面有更深的造诣，他还返回加拿大进修骨科，并通过了加拿大皇家外科学院近乎苛刻的考试。如今就要离开了，他为毕业班的每一位学生准备了一份珍贵的礼物：《常见骨折以及治疗》。

这是他以多年理论与实践的积累写成的一本书，用最简单的英文配以手绘示意图。他知道刚经历了战乱的中国很贫穷，大多数学生无力购买书籍，就请教会印刷所帮助用草纸印刷。

姚守仁返回加拿大后继续担任临床骨科医生，丰厚的收入使一家人有漂亮的别墅和优裕的生活，三个孩子在各自心仪的学校读书，Margaret 也添置了高档服装。可是，姚守仁与妻子反倒经常怀念在四川动荡不安、爱恨交织的日子。他们爱帮助他们的中国人、救治的病人、邻居与朋友；恨日本飞机轰炸、生活压力、生死难卜、前途茫茫。这些爱与恨，使他们在四川的日子波澜起伏，充满挑战与激情。

1980 年的一天，姚守仁在"CS"聚会上见到年轻的文佳兰（Karen Minden）。

文佳兰 1974 年曾在北京语言学院学习，中国与加拿大建立外交关系后，加拿大政府挑选了 20 个品学兼优的年轻人作为交换生去中国学习，文佳兰成为其中之一。

两人谈起在中国的经历都有颇多感慨。姚守仁让文佳兰到多伦多联合教会档案馆，阅读一下当年传教士在四川工作的相关资料，鼓励她做这方面的研究，并把自己当年在华西协合大学教授的学生，而今著名的学者邓长安教授介绍给文佳兰。

最终文佳兰通过十二年的努力完成了《竹石——华西医学精英的成长》一书。

1986年姚守仁与三个孩子故地重游，分别游览了成都、乐山（嘉定）、荣县、自贡等地，还在华西医科大学讲学，做技术示范，并捐赠了价值数万美元的骨科设备。

姚守仁此行来中国还有一个心愿，就是协助作家John Munro将妻子Margaret在四川的日记整理出版。

Margaret日记原本只是想留给孩子们看，让后代知道他们在中国的经历，学会面对问题，解决问题，寻找苦与乐的源泉。

然而1984年1月，Margaret临终前改变了主意，希望公开出版，于是请作家John Munro先生整理编撰。

1989年12月，《月亮门那边的故事》完稿。次年8月，姚守仁也走完了自己79年的人生道路，与妻子在天堂相聚。

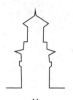

第十二章　寻访峨眉山新开寺

一

　　这一年的 4 月 26 日，我应邀到成都宽窄巷子参加一个老照片展，那是一百年前加拿大传教士在四川各地拍摄的照片。

昔日峨眉山新开寺西方人的别墅，背景为金顶（1925 年摄）

　　二十多个远涉重洋来成都参加展览的传教士后裔，大多是须发皆白，已过耄耋之年的老人。他们有的出生在成都和乐山，有的在此度过自己的童年，有的甚至是前半生。

在他们结结巴巴的汉语里，我分明听到浓浓的川音！据说这些老人们每年 10 月中旬，都会从加拿大各地赶到多伦多一家普通的中国餐厅聚会，把自己珍藏或新搜集到的四川老照片、幻灯片，或者文字资料拿出来分享。这似乎是他们晚年最有趣的聚会。

这场发起于 1936 年的聚会，经历了三代人。老的一辈离去，新的一代又加入，浓浓的思乡之情，梦回家园的情结，使这场聚会延续了整整 76 年！

开幕式前，我正与四川大学陈建明教授交谈，一位加拿大男士绕开人群走过来，60 岁左右，身材魁梧，西装革履，金黄色的头发在脑后留了一个细长微微卷曲的马尾，一不留意看去很像清代男子留的发辫。

他站在一旁看着我，似乎在等待我们谈话结束。我分明感到他有话对我说，一个与老照片有关的话题，一个与他家族有关的话题。

果然，他过来就问我来自何方。当他的猜想得到证实时，他显得十分激动，连连说那是一个美丽的地方，有峨眉山，有乐山大佛，而这一切都是听他祖父说起。

作者与 Kevin（右）

他说感受到我身上带来的峨眉山气息，后来他在信中称之为"强大的气场"。他自我介绍名 Kevin，祖父杨济灵曾在华西协合大学任教，是一位著名的内科医生。

Kevin 说自己最大的心愿就是去峨眉山新开寺，因为他爷爷经常对他讲述在峨眉山度过的美好夏日。晚年坐在轮椅上的爷爷，每当回忆起峨眉山，脸上就会露出愉快幸福的笑容。Kevin 称去新开寺是自己的亲情与朝圣之旅……

那天因为时间匆忙，没来得及与 Kevin 多聊。返回乐山后又赶去金口河，直到五一假期结束回家打开电脑，我才看见 Kevin 在展览当日发来的邮件，他希望我能带他去峨眉山新开寺，并等待我的回信。

我立刻给他去信说明没及时回信的缘由，并答应带他去峨眉山新开寺遗址。

《峨山图说》中描绘的新开寺

Kevin 懊恼不已，来信说以为我没有时间，或者不愿意带他去新开寺，故不回信，而他已经买好第二天一早的返程机票，无法去峨眉山了。

Kevin 带着深深的遗憾离开四川。

我决定替他了却这个愿望,去新开寺遗址走一趟。

哪知一打听,方知前往新开寺并非易事。这座寺院曾是外国人的避暑之地,一度十分热闹,甚至连蒋介石与夫人宋美龄也来此消夏。

但是,20世纪50年代,由于无人居住,寺院逐渐垮塌,后来周围的山民也相继搬离。当年外国人修筑的房舍早已废弃倒塌,变成一片杂草丛生的废墟。再后来,由于无人光顾,寺院成为猴子、野猪、蛇等野生动物的乐园。

昔日峨眉山新开寺别墅(20世纪30年代拍摄)

六十年的时间并不算长,可竟然被涂抹得这样不留踪迹,这是一个什么样的地方?有时我甚至对这个地方发生过重大事件的真实性产生怀疑!

去新开寺一探究竟的念头越来越强烈，哪怕只能看到残垣断壁，也算是了却心愿。

二

费了一番周折，在圣水禅院宽忍法师的帮助下，找到家住大峨村的药农袁大爷咨询。

袁大爷今年 82 岁，因为年轻时经常出入山里采药，故对峨眉山十分熟悉，算是山里的活地图。袁大爷的父亲当年恰好与新开寺的外国人有过往来，于是事情开始有了眉目。

那天我如约来到圣水禅院与袁大爷见面。袁大爷身材瘦小，有一双与年龄不相称的柔软的手，记忆力极好，言谈中带有许多诙谐的民间谚语和顺口溜，时常让人忍俊不禁。

峨眉山降雨充沛，云雾缭绕，气候潮湿，不少山民长年受风湿侵扰，上年纪后手指僵硬，关节变形，行动不便，酸疼相扰。

询问之下，方知袁家九代行医，擅长以峨眉山草药治疗风湿。袁大爷说："只要气血通畅，就可以把风湿排出体外。"

简略谈了谈行医的经历，他回忆起当年外国人在新开寺的往事。袁大爷说起记忆较深的一件事：某天一个外国人来到他家，进门双手抱拳施礼，又连声说"恭喜，恭喜"。来人是个医生，一口流利的四川话，称到峨眉山后经常感到胸口痛，吃了自己带的西药仍不管用，故前来向袁大爷的父亲请教，想试试中医治疗的效果。

袁大爷的父亲名袁再心，因擅长治疗风湿、五劳七伤和儿科病症，在峨眉山小有名气。

袁再心给他号了脉，说他胸口痛主要是因为猎杀捕食了野物。外国人还未听完就哈哈大笑，觉得这个说法有些荒唐。

袁再心正色道：你不要不信，峨眉山的野物有灵性，千万杀不得！袁再心与对方聊了很久，末了，又给他抓了一服中药，嘱咐如何煎熬服用。

不久，这位外国人再次来袁家，说自己不再捕食野味，心口痛病也痊愈了。出于感激，他盛情邀请袁再心去新开寺他们的别墅做客。

于是，袁再心带着十多岁的小儿子，也就是袁大爷，去了新开寺。

"到新开寺大开眼界，他们的房子修得好巴适！还有球场，他们在球场上放音乐，跳舞，一男一女抱起转，女的长裙子飞起多高。哎哟！我不好意思看哦，把脸转到一边……"

袁大爷至今说起仍露出害羞的神情，"他们也给当地人看病，但是那时大家不相信西医，担心西药是不干净的东西做的，而中药是山上长的植物，看得见，摸得着，吃起来放心。"

聊了一阵，我说想请他老人家带我去新开寺走一趟。老人说眼下不行，接连下了几天雨，山路无法行走。在一旁的赵师傅补充道，去新开寺须事先准备好食物和水，因为沿途没有人家，并且要一早出发，否则天黑以前无法返回。

赵师傅是圣水禅院的厨师，

云从龙一家去峨眉山新开寺途中（云达乐提供）

名叫赵军成，与佛门渊源深厚。60 多年前，他的一个长辈在神水阁当住持，神水阁后来更名叫圣水禅院，故他对这一带情况也比较了解。

我拿出两张大约 80 多年以前新开寺的照片。这是加拿大传教士后裔保留下来的。

照片上的建筑带有明显西式风格。一张照片上一幢尚未完全竣工的中式木屋边，站着一个身着长裙的西洋女子，屋子的前方建了一个水池，一根剖开的竹竿将水引入池中，房屋后峨眉山金顶清晰可见。另一张照片是带回廊的中式大屋顶房舍，四个人坐在回廊里，面对镜头，前方一匹马正在吃草料。

袁大爷很肯定地说这就是新开寺！

如果不是这两张照片，我始终对新开寺那段历史有种虚幻感。这两张照片提示我：峨眉山曾经有过一段奇特的历史，有一群传播基督教的西洋传教士，在中国的佛教名山之中居住了几十年！

三

为了寻访新开寺，我查阅了能找到的所有相关资料。在清末印光大师（1861—1940）编写的《峨眉山志》中有这样一段记载："新开寺，在伏虎寺后，鞠家漕。万历三年，九老洞僧大用建。"

这段文字说明新开寺建于明朝万历三年（1575），是峨眉山佛教最兴盛的时期。

后来我了解到：原来西洋人初来峨眉山避暑时，最早租用大峨寺的房舍。后来寺僧嫌人多过于吵闹不再租房，他们便移至海拔 1500 多米的新开寺。

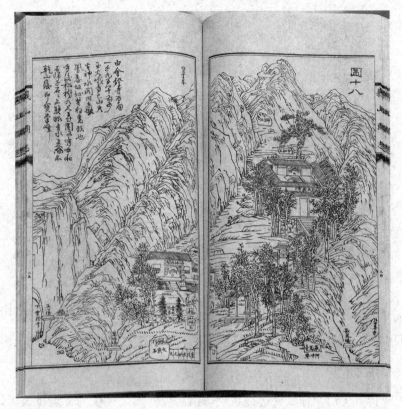

《峨山图说》中的大峨寺，这里曾是西方人最早的夏季避暑之地，后来迁往新开寺

大峨寺与圣水禅院相邻，也建于明朝万历年间，内中海棠灿烂，古木参天，常有文人墨客在寺中九曲流觞池边吟诗作赋。清朝乾隆年间修缮扩建，其中大峨楼廊庑崇阁，远近闻名，为峨眉山子孙丛林之首。

新开寺与大峨寺相比虽然地处偏僻，但附近有滴水崖、尖峰岭、木鱼坡胜景。天气晴朗时，这里可仰望峨眉山金顶，远眺青衣江、大渡河，俯瞰符溪、罗目古镇，也是个风景绝佳之地。

新开寺僧人与西洋人签订了租地合约，为期 99 年。然后，西洋人在原寺基础上扩建了数十间房屋，增添了公共浴室、礼拜堂、篮球场、网球场、游泳池、商店、诊所等设施。中国银行还特地在此设立暑期办事处，邮政局设立了二等邮局等。

新开寺曾经的游泳池（文忠志提供）

夏季来此避暑的西洋人最多达数百，在此期间，往来于新开寺山间小道的力夫、肩舆、商贩络绎不绝。而到秋冬无人居住时，则交由寺僧代为看管。

传教士们为什么要选择在峨眉山居住？如果仅仅为了夏季避暑，满可以选择距成都更近的青城山、都江堰等地。显然，选择峨眉山除了地理位置外，还有更深层次的原因。

峨眉山新开寺本是一座佛教寺院，它成为传教士的聚居地的特殊原因，要追溯到一百多年前传教士进入四川的往事。

虽然早在1582年明朝万历年间，意大利天主教传教士利玛窦就来到了中国，但是深受儒家和佛家思想影响的多数中国人，对这种具有不同价值观的外来文化反应是冷漠的，有的是抵制，有的甚至激烈排斥。

清朝末年，加拿大等国基督教会的志愿者来到四川，以行医、办教育等方式开始在四川各地"传播福音"。这种有别于以往，能直接服务于人的传播方式，本应容易接近不同文化背景的世俗生活，但是，他们遇到了一个特殊的时期，延续了两百多年的大清王朝气数已尽，西方与中国多次交战，国内各种社会矛盾愈发尖锐激烈。

西方人在新开寺修建的别墅吸引山民孩子前来看热闹（高松提供）

在这种社会背景下，尤其是义和团风潮席卷中国后，外国人和国外宗教人士常常成为攻击的对象，也是许多矛盾爆发的导火线。于是中国频频发生各种"教案"。这些教案的影响与波及范围，在四川历史上可谓空前绝后。

这时，中国一些有志之士认识到国家必须改良，于是发起了洋务运动，欲"师夷长技以制夷"，引进西方科学技术成果，培养留学童生，打开西学之门，等等。

1905年，清廷终于下令废除科举。这种在中国历史上延续了1300多年的设科考试选拔官吏的制度被废除，科举取士与学校教育实现了彻底分离。

也就在这一年，基督教各差会决定联合四川的经济文化中心——成都创办一所规模宏大、学科完备的高等学府。由于这所学校是由

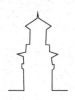

英、美、加拿大三国基督教会的 5 个差会，即美以美会、公谊会、英美会、浸礼会、圣公会在华西坝共同创办的，故名华西协合大学。

新开寺曾经的别墅（高松提供）

采访 1923 年出生于峨眉山新开寺的加拿大老人（右一）

5 年后的 3 月 11 日，华西协合大学正式开学。这里云集了许多外籍人士，他们以此为中心，向四川各地开拓布道、医药、教育、慈善、制造等事业。

传教士最初的开拓十分艰难，完全不同的文化根源，意想不到的各种抵制、打击，使他们需要一个安静、平和，而又相对封闭的环境，既可用于调整身心，也可以在危急时刻躲藏，还便于从乐山水陆两路出入。

他们寻找了很多地方，最终觉得峨眉山最为适合！

峨眉山原为道教的场所，后来起源于印度的佛教占据了主流，由道家仙山转为佛教名山。峨眉山也在这个转型过程中，练就了开阔的胸襟，对各种文化都呈现接纳包容的态度。

于是，峨眉山成为西方传教士的重要基地，而新开寺在峨眉山又相对僻静，是最理想的地方。

事实证明这个选择是明智的，因为这里从未发生过西方外来人士遭受排挤和攻击的事件，峨眉山再次显示出她的大度与兼容。

四

不久，我再次上山去见袁大爷，准备一同去新开寺，可是不想他老人家忽然患感冒，病势来得蹊跷猛烈，我不得不取消去新开寺的计划。

我利用这个时间又到大峨寺走了一趟。大峨寺在民国末年就已经荒芜，圣水禅院的法师们在荒芜的地上种植了很多蔬菜。菜地后面是尚未竣工的大峨楼，20世纪90年代恢复重建的大峨楼因为资金不足，不得不半途停工。后来圣水禅院修建围墙，大峨寺便与圣水禅院同在一个院墙之内。

记得有一次在大峨楼前满是青苔的石阶上看到两条蛇，吓了我一大跳。陪同我的法师说，因为佛门不杀生，所以附近的蛇便躲到庙里来，尤其是未竣工的大峨楼与藏经楼之间，因为极少有人走动，俨然成为蛇的天地。它们经常悠闲自得地躺在石阶上晒太阳，有时多达十几条，或盘成一团，或弯曲伸展，其中有一条大蛇仿佛头上长出角。

我平时看似还有几分胆量，可是一旦遇到蛇就豪气全消，唯恐躲闪不及。

法师说不用怕，这些动物是有灵性的，你不伤害它，它就不会攻击你。看到蛇，为它念佛经，也许它就会转世成人……

返回圣水禅院，几个法师请我在山门外的石桌上一同品茶，不一会儿来了几个山民，听我问起新开寺，便纷纷向我说起从前辈们那里听到的往事。他们的长辈，有的给前来新开寺度假的外国人当过杂工，有的搬运过货物，等等。

聊天中，听到一则有趣的轶事：

一天，蒋介石偕夫人到新开寺去拜访在此避暑的外国人。外国人让蒋介石卫队一个士兵到圣水禅院去挑泉水，好给蒋夫人煮咖啡。

圣水禅院原来叫神水阁，以上好山泉闻名。"神水通楚"的传说就源于此。相传天台宗创始人智者大师、药王孙思邈等在此修行炼丹，就是中意于这里的神水。如今，寺外还有苏东坡、黄庭坚、徐文华等许多古代名人刻石。

从神水阁到新开寺不但有几公里路程，而且全是上坡。

蒋介石的卫兵挑水走了一段，累得气喘吁吁，大汗淋漓，便打起偷懒的主意。心想新开寺平时用水是石缝中的浸水，看上去与神水阁的泉水并无两样。眼见左右无人，便倒掉一半泉水，决定到达新开寺后用寺里的浸水加成满桶拿去交差，蒙混过关。

卫兵满以为神不知鬼不觉，哪知一个外国人用手蘸了一点放在口中尝了尝，说："这不是神水阁的水！"

这位卫兵被上司打了一顿，然后关了几天禁闭。

"外国人的舌头灵光得很！"

"骗不倒……"

下山时我心里忽然冒出一个疑问：蒋介石上山拜访外国人，为什么让卫兵担水？外国人的饮用水是出钱请山民们背上去的，外国人怎么可以指使蒋介石的卫兵？是讲述者记忆有误，还是另有原因？

这个疑虑直到我到达新开寺后才弄明白。

云从龙一家去峨眉山途中（云达乐提供）

五

秋去冬来，到第二年的仲春我才踏上去新开寺的路。

同行的有圣水禅院的三位法师、袁大爷、赵师傅，以及三位乐山电视台的节目制作人。

加拿大老照片在乐山嘉定坊展出后，引起了巨大的反响，因此电视台想进一步了解历史，作深度报道。

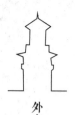

新开寺遗址

　　走过高洞口，凹凸不平的泥土机耕道就到了尽头，一条登山的羊肠小道蜿蜒曲折，不久我们便走得大汗淋漓。我们接连走过好几户人家，可是冷冷清清，生气全无，因为长久无人居住，木板墙上长出一层绿霉，靠近地基的下方以及堆放在墙根处的柴薪已经生出厚厚的苔藓。

　　再向前，小路有些难以辨识。有的地方茅草和荆棘超过人高，有的地方坑坑洼洼，还有的地方滑下的泥土和石块掩埋了原先的路径。

　　好在有袁大爷带路，还有赵师傅事先为我们准备的竹杖，不然真会寸步难行！更主要是打草惊蛇，向一冬没有进食的蛇声明：只是借道，口下留情。

　　翻过一道山梁，远远看见一户人家，房前一树白花灿烂开放。快接近时我喊了几声，希望屋里有人，可是没有任何回声。又是一幢空宅！荒山野岭间的空屋，更多出一份落寞与寂寥。

　　我们穿过一片带刺的藤蔓走过去，才发现门锁锈迹斑斑。透过破

288

旧的窗户看见里面空荡荡的，扔弃的家具上满是尘埃，连屋顶上斜挂着的蜘蛛网，也似乎被尘埃压得不堪重负，摇摇欲坠。曾经在屋檐下筑巢的燕子早已飞走，支离破碎的燕子窝诉说着昔日曾经有过的人畜兴旺。

我们稍稍休息了一会儿，法师们从圣水禅院带来的馒头、咸菜和苹果，此刻是大家的美味午餐。

继续前行，眼前出现了一片耕地，地边上有一幢瓦房，毫无生气，倒是对面山坎上的一幢瓦房门前晾晒的衣物显示有人居住。

走近了，我才看见地里一个五十多岁的男子在忙碌，这是我们两个多小时行程中遇见的第一个人。我忙走过去向他打听新开寺，他直起身来说距此不远了。当他看见几位法师时，有些兴奋地问是否要准备恢复重修新开寺。他很盼望重修庙子，他相信一旦有了庙子这里就会重新兴旺起来。

袁大爷（左）与袁代乾（右）

他说居住在这里的山民都离开了，自己的两个女儿也嫁到山下。他指着对面那幢空宅说，那里原是新开寺的茶叶加工坊，后来分给他姐姐和姐夫居住，如今姐姐与姐夫也下山了。

他与老伴现在是这里唯一的居民。夫妻俩原来还种植一些玉米和土豆，因为人少了，野猪越来越猖獗，经常成群结队出没，最多时有九只横扫庄稼，如同犁头耕了一遍，玉米土豆专挑大的吃，小的扔弃在一边。所以后来他们也不敢种粮食，唯有种植一些苦涩的中草药才能避免野猪侵扰。

他叫袁代乾，父亲袁胜良、叔父袁银泰都曾为新开寺居住的外国人干活，抬滑竿、搬运货物等。"听我爸爸说，外国人还到我屋里来吃饭，他们喜欢吃腊肉香肠、豆花，也不怕辣。去年文幼章的孙儿还来了一趟，在他们原来的屋基上搭帐篷睡了一夜……"

新开寺遗址废弃的房舍

袁代乾与我们聊了一会儿，便放下手中的活，带我们去新开寺。他特地带上一把镰刀，一把砍刀，一边走，一边不时挥刀砍掉横挡在路上的荆棘茅草。

　　我们绕过一道弯，再走下一个不大的山坡，一块宽阔的平地出现在眼前，其间杂树丛生，野草藤蔓缠绕。袁代乾说，这里就是原来的新开寺。

六

新开寺遗址

　　面对此景，我实在无法将这片荒芜之地，与曾经有四重大殿堂的新开寺联系起来。更无法想象外国人曾在这周围建起 72 幢避暑的洋楼、1 座教堂、3 个球场、1 个游泳池，还有诊所、学校、商店、邮局、银行等，如同今天较为完善的社区！

　　据说，最繁华时这片区域有 400 多人居住，每逢赶集，峨眉、青龙等地的小商贩就会把各种货物背上来出售，仅猪肉一项，大约就要消费 10 头肥猪。

　　然而，六十年的时间竟将这一切变得渺无踪迹，仿佛天方夜谭一般！

　　震撼之余，我沿着依稀能辨出的小路慢慢行走。杂草和荆棘湮没了原来寺院遗址的格局。如果不是袁代乾和袁大爷的指点，给我讲哪里是曾经的砖瓦窑，哪里是学校遗址，我感到世俗的世界与佛门的生活似乎都与这里没有半点瓜葛。

一切都是空荡荡的，连残垣断壁也找不到！寺院遗址后的山坡上有两幢瓦房，屋顶坍塌，青瓦碎落，弥漫着一股阴冷之气。

门外桃花和李花早无依旧笑春风的风雅与从容，在四周大树的缝隙间争得一点阳光雨露，绽开一树小花，虽然年年结果，却无人问津。

我说，当年这里有大片房舍，类似庐山的牯岭，怎么会毁灭得如此彻底？回答这个问题，二人似乎有些难以启齿，好一阵我才在袁代乾、袁大爷他们闪烁其词的谈话中知道了个大概。

20 世纪 50 年代初，这里的一些房舍和家具在"土改"中分给山民。山民们嫌距离自己的土地太远，来回不便，就搬走家具，或者拆除一些用得上的房料门窗等。

新开寺遗址的农舍如今也是一座空宅

后来，未分配的一部分房舍归人民公社集体所有。公共财物在特殊年代，有时候就是没有主人的财物，你拿我取，毫不珍惜，几经折腾，面目全非。

再后来，"大跃进"中的大炼钢铁风潮席卷，连新开寺山门前那棵八人才能合抱的古树都难逃厄运，其他就更不在话下。

最终，风雨侵蚀，雷电交加，昔日的繁华景象彻底被摧毁，渐渐融化为自然景观。

也许是我失望的表情刺激了袁代乾的记忆，他忽然说7号洋楼还在，可以带我去看看。又说自己对1号、2号、7号洋楼比较熟悉，小时候就常去玩耍。如今7号洋楼的主人早已离开，但里面还保留了外国人修的楼梯。

这让我有些喜出望外！几分钟后，我们穿过一片小树林，便看见一幢破旧的木墙瓦房，正议论着，忽然听到一阵响动，一个中等身材的敦实汉子走出来。出乎意料的是，他竟是房子的主人，也是袁代乾的干亲家。两人立刻热情寒暄起来。

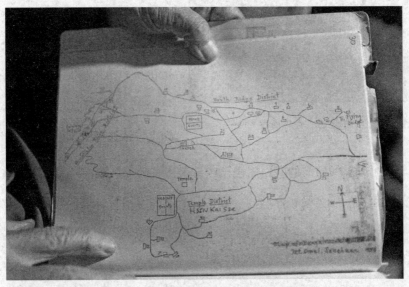

新开寺周围72幢加拿大人居住的别墅分布示意图（文忠志绘）

第十二章　寻访峨眉山新开寺

7号洋楼现在的主人名叫唐荣华，53岁。他说这幢房子是父亲在20世纪60年代初，以300元钱从公社买下的。自己结婚后父亲将房子一分为二给他和兄弟。多年前他们兄弟二人和父亲就搬到山下居住了。他今天上山来砍竹子做竹杖，批发给小贩挣些零花钱，才碰巧遇见我们。

7号洋楼既是一幢房子，也是小地名。站在房前的小院坝前，可以远眺峨眉山市高桥镇。金黄色的油菜花在山脚下绵延，隐隐传来汽车的轰鸣声。

曾经的7号洋楼里残存的楼梯

我转身仔细端详这幢房子：

经过两代山民的改造，扩建猪圈鸡舍柴房，已经看不到任何西式建筑的踪影。屋内空空荡荡，因长久无人居住，满是尘埃，霉味扑鼻，墙皮斑驳。唯有一个很大的木梯是往昔的旧物，时隔多年仍然看得出做工结实细致，每个转角处都打磨成弧形，踏上去依然稳健踏实。

可是木梯通向的屋顶阁楼已经不存在，抬头只能看到因长年烟熏火燎而发黑的房梁和青瓦。

新开寺遗址上残存的房屋

门外屋檐下巨大储水缸里漂浮着一层黄绿色的藻类，带有浓浓的腥味。

询问之下方知，原来雨水曾经是他们生活用水的来源之一。我问，缺水也许是山民们搬走的重要原因？可是他们回答说，也不完全是。但是，砍伐树木造成的降水量大减却是不可否认的事实。

过去山民是将岩石缝中浸出的水用竹筒引到家中使用，称为"捡水"。外国人的生活用水也是捡水，而饮用水通常出钱请山民们从神水阁背上来。

附近的滴水崖因终年滴水不断而得名，可现在只有大雨之后才会重现滴水景象。原来山上有个天然水池，外国人来后改造成游泳池，如今泥沙淤塞，早不复当年光景。

我感到生活方式的改变，城市化进程加快也许才是山民搬离的主要原因。

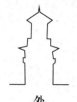

七

返回途中，我忽然又想起那个困扰我已久的问题，向山民打听是否知道蒋介石来过此地。哪知他们的回答令我大为吃惊。

蒋介石到峨眉山多居住在新开寺后的别墅，因为这里很隐蔽，红珠山官邸只是个幌子。

蒋介石一来，山上就会出现很多国民党的兵，一旦离开，这些兵也就消失不见。这些兵不但要用滑竿把蒋介石和夫人抬上来，还要将神水阁的山泉背上来供他们享用。

这是附近山民中公开的秘密，老一辈都知道，并不足为奇。他们用平淡的口吻说道。

我这才明白那个以"捡水"偷换"泉水"，企图鱼目混珠的卫兵挨打关禁闭的缘由。原来并不是因为欺瞒了外国人，而是敢在老蒋面前耍花枪！

为了证实这并非传说，袁代乾带我去看蒋介石别墅的遗址。

爬上一个小山坡，果然看到一块夯了三合土的平地，与四周杂草丛生的荒地形成鲜明的对比。平地的后面有一个小坑，据说是厕所。在没有水泥的年代，石灰、黏土、细砂组成的三合土，是大户人家夯墙、平地和渠道防渗的建筑材料，普通百姓消费不起。

没有更多的佐证，是否真是蒋介石的别墅难以下结论。后来峨眉山一位老法师给我说，抗日战争期间，一些盟军顾问曾在山上避暑。

传说蒋介石别墅的遗址上还能清晰地看到三合土地面

　　历史的真实我们又能知道多少？忽然想起在一本书上读到：与蒋介石过往甚密的胡适，曾经给心爱的人写过一封信，信封上盖有新开寺的邮戳。再后来，这位饱受情感煎熬的女子跑到峨眉山来想出家……雾里看花，水中望月，往事总有些模糊不清。

　　筋疲力尽走下山，在高洞口遇到袁大爷的老朋友黄建怀老人。老人78岁，肩扛锄头从地里劳作归来。老人闻听我们去了新开寺，便说自己的父亲在1949年之前以20担大米，从乐山白塔街的白牧师手中买下了18号洋楼，是当年72座洋楼之一，云云。

　　白牧师是加拿大多伦多人，中文名白恳，1916年与加拿大传教士孔镜明在乐山城的西湖塘边创办了三育中学。我把从资料上了解到的情况告诉黄大爷。

　　黄大爷显得很开心，如同遇见故旧。聊了一会儿，我才知道他是个天主教徒。我问他是否受当年新开寺传教士的影响加入教会，他说不是，自己信仰天主，而新开寺的外国人信奉上帝。在谈到上帝与天主时，他的话充满哲理，不像一个山野耕夫。

作者与黄建怀老人（右）

天色已晚，我们不能久留。黄昏中回望刚刚走过的山梁，我对宽仁法师说，这个被湮没的故事，这段被埋藏的历史实在令人感慨！而她淡淡一笑说，生命无常！

"如果在新开寺遗址上建几座关房倒是不错，清静便于修行。若有小偷光临，就告诉对方看上什么只管拿，出去时别忘了把门带上……"幽默、爱思考的宽仁法师经常语出惊人。

八

春去秋来，时隔两年后，因为课题研究我去了加拿大。不想在遥远国度的档案馆里，"新开寺"三个字不时冒出来，使我的思维不断被牵回峨眉山。

1935年文幼章的四个孩子在新开寺小别墅附近留影

而在加拿大的采访中，新开寺则是一些老人最愉快的记忆之一。
爬山、游泳、唱歌、演出、烧烤，与当地山民的孩子一起玩耍，这些
童年的美好记忆深入骨髓，最后会化作一缕缕乡愁，长久萦绕在
心头。

启尔德的长孙"启大少爷"告诉我，他1923年出生在新开寺，
他应该算峨眉山人。

另一位受访者Lin，祖父在重庆涪陵工作期间，曾在夏季带妻子
儿女到峨眉山避暑。

Lin过去未去过峨眉山，母亲去世后她长时间无法从悲伤中解脱

出来。有一天她在森林中散步，忽然感到峨眉山向她召唤，于是她与丈夫一同前往峨眉山。"在峨眉山我听到了妈妈的笑声……"说这话时，Lin 脸上露出欣慰的笑容。

大约也是因为这份因缘，她的女儿被公司意外派驻香港工作。这使她和丈夫每年可以获得一次免费往返香港的机票，也因此多次返回四川。

1981 年文忠志夫妻寻访新开寺时留影

从加拿大返回，我又一次去峨眉山。静静地伫立在山间小道，抚摸带露珠的杂草树木，我仿佛看到一张张带着泪水与笑容的脸庞，他们的老年与童年交替而出。新开寺又近，又远。

忙碌中又过了一年，就在课题结束不久后的一天下午，我忽然接到一个陌生男子的电话，称因为读了我写新开寺的一篇文章，希望能与我见一面。

又是一个与新开寺有关的人！我几乎不假思索就答应了，这与我平素的行为方式完全不同。

我匆匆赶去，不想是须发斑白的张姓兄弟俩，风尘仆仆，手里还拿着没吃完的面包。原来他们在整理一箱在美国新发现的康同璧遗稿时，发现一个叫梅盼实（Pansy Mason）的美国女子写给康同璧的不少信件。其中一封信告诉康同璧，她在峨眉山新开寺举行婚礼。

康同璧（中）与梅盼实姐妹，1903 年 10 月（张启乃、张启祯提供）

康同璧是康有为的女儿，先后就读于美国哈佛大学和哥伦比亚大学，才气过人。20 世纪 50 年代担任全国政协委员、中央文史馆馆员。张姓兄弟俩的父亲曾担任康同璧的秘书，整理出版康同璧的遗稿是父亲的遗愿，这些年他们一直在为此奔波。

他们告诉我，康同璧在美国留学期间与梅盼实是好朋友，一段时间还住在梅家，情同姐妹。梅盼实是 1906 年第一批到嘉定的两个女传教士之一，在四川工作了 21 年，1916 年在峨眉山新开寺举行婚礼。他们此行的目的是想了解峨眉山新开寺，通过搜寻梅盼实的资料，更深入地了解康同璧……

峨眉山新开寺又这样与我不期而遇！

在朋友的帮助下，我终于在《华西教会新闻》与耶鲁大学档案馆里搜集到一些梅盼实在嘉定的资料，大致归纳如下：

梅盼实 1906 年到达嘉定，之后负责女校事务。在 1914 年 1 月 6 日—13 日的年会上，她被任命总管乐山妇女工作。1916 年 8 月 11 日与加拿大传教士 Rev. B. Surtees 结婚。Rev. B. Surtees 1913 年来四川，他工作的教区是自贡。

'The Temple District,' XinKaishi, 1981

1981 年文忠志重返新开寺拍摄的照片，原有的建筑已不复存在

他们是在峨眉山相识的，后来结为夫妻。在乐山工作的加拿大传教士孔镜明为他们主持了婚礼。

梅盼实在与康同璧的信件中，谈到许多中国妇女现状，以及期盼改良的想法。这些对后来康同璧倡导妇女解放产生了较大的影响。

分别之后，两位先生又匆匆赶往荣县。

那一晚，峨眉山的轮廓完整清晰，几颗星星在天空中闪烁！天际，新开寺的画面忽隐忽现……

我忽然问自己，记忆有多长？曾经的繁花有过多少轮回？

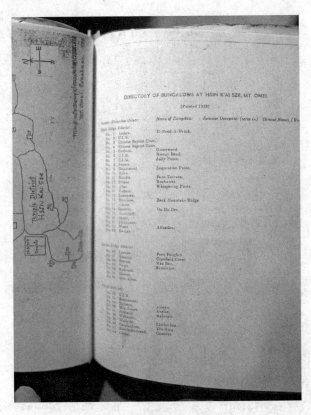

72幢别墅居住户名单（文忠志整理）

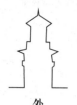

第十三章　对一个犹太学者的访谈

——文佳兰与她的《竹石》

一

"我 1974 年在北京语言大学学中文。所以，我的语言中可能还有'文化大革命'的词汇……"文佳兰一见面就对我这般说。她开朗的性格使人初次见面就无陌生感。

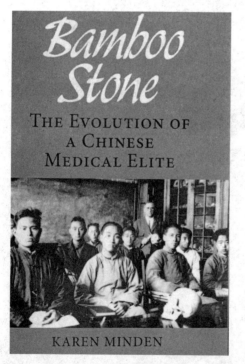

文佳兰英文名 Karen Minden。在加拿大，很多人尊称她为 Minden 夫人：一个美丽高雅又充满智慧的女性。

由于诸多原因，对华西协合大学清末民国时期历史与人物的报道甚少。一个外籍人士会以什么样的眼光看待那一段历史？

而我近两年研究的课题

　英文版《竹石》

"清末民国时期西方文明对乐山社会发展的影响研究"中涉及西医在乐山的起步与发展，与华西有密切关联，故很想与她聊一聊。

"为什么选华西协合大学的加拿大传教士作为自己的研究对象？"我问。我认为写什么比怎么写更重要。

文佳兰没有马上回答这个问题，而是说："走，我带你去看一个地方。"她把车开到多伦多老城区停下，然后带我穿过马路，左拐右转进入一条更加古旧的小街。

街道很狭窄，平房居多，临街的房屋大都是商铺、咖啡馆和餐馆。与中国很多大城市老街相同的岁月气息扑面而来，不同的是这里多保留原貌，几乎见不到现代化的装饰材料，或者仿古建筑。

文佳兰祖父修建的教堂

走了一阵，我们来到一片开阔地，中间有一些花草树木，以及几样简单的儿童游乐设施，有点类似街心花园。

文佳兰指着前方一座小教堂说："那是我祖父修建的教堂，我是在这个街区长大的。"

我抬头望去，忽然发现教堂顶端有一个六角星。我有些意外：

"你是犹太人？"

犹太人是世界上经历苦难最多的民族之一，也是最有智慧的民族之一。文佳兰特殊的背景，更让我对她的研究角度产生兴趣。

文佳兰讲起她家的经历：祖父原来居住在德国，当犹太人不断受到迫害时，不得不举家迁往俄罗斯。不想，后来俄罗斯也开始排斥犹太人，一家人待不下去了，又开始四处迁徙，最后在加拿大多伦多定居下来。这个区域最早是犹太人聚居区，许多欧洲犹太人辗转来到这里。

文佳兰父亲13岁的成人礼就是在这个教堂举行的，文佳兰也出生在这里。再后来，这里逐渐来了一些华人，文佳兰对中国最早的认知就来自他们。

如今这里变成了华人、越南人等亚洲人的聚居区，犹太人大都搬走了。文佳兰没有想到自己最初的研究课题竟然就与中国有关……

1970年，中国与加拿大建立外交关系，加拿大政府急需熟悉中国文化的人才。

1974年北京语言学院革命委员会给文佳兰颁发的毕业证书

1973 年，加拿大政府在众多候选者中，挑选了 20 个品学兼优的年轻人作为交换生去中国学习，文佳兰成为其中的幸运儿之一。之前，她先后在约克大学以及加州大学伯克利分校学习，中文是选修课之一。

1974 年，24 岁的文佳兰到北京语言学院学习。

"中国当时正值'文化大革命'时期，去之前你感到担忧吗?"我问。

文佳兰说："没有。我只是问男朋友，就是我现在的丈夫，你愿意等我一年吗?"他答应等我，我也就没有什么后顾之忧了。

"到北京语言学院后最先学会两首歌：《东方红》和《大海航行靠舵手》。前一首现在还能唱，后一首记不住词了。还有一首欧洲的儿歌：'两只老虎，两只老虎跑得快，一只没有耳朵，一只没有尾巴，真奇怪。'可是中国把歌词改为：'打倒土豪，打倒土豪，分田地……'最初我很不明白。不过，我到中国后挺幸运的，很多中国同学乐意帮助我练口语，所以我中文进步比较快……"

"据我所知，这 20 个去中国的留学生中只有你一人在研究清末民国时期在四川的加拿大传教士，为什么?"我问。

她沉浸在往事的追忆中……

作者与文佳兰（左）在"CS"聚会上交谈

1980 年的一天，文佳兰参加一个朋友聚会，在会上结识了姚守仁（Ralphe Outerbridge）大夫。

　　姚守仁 1938 年偕妻子 Margaret Outerbridge 到四川，先后在乐山、仁寿、荣县、自贡、华西协合大学行医和从事教学。夫妻俩的三个孩子分别出生在荣县、自贡、成都。

　　姚守仁得知文佳兰刚从中国学习回来，便向她谈起自己在四川十三个春秋苦与乐的经历。末了，姚守仁让文佳兰到多伦多联合教会档案馆阅读一下相关资料，并鼓励她做这方面的研究。

　　文佳兰抱着试一试的心情去了档案馆，不想一下就被那些充满坎坷而又波澜壮阔的往事深深吸引。她就像无意间蹚入一条风光奇异的小河，惊讶之余萌发了沿着小河向前游去的想法。

　　经过深思熟虑，文佳兰选择了将在中国四川的加拿大传教士作为研究对象。

　　姚守仁得知后，立刻把自己的学生、华西协合大学（时称四川医学院）教授邓长安介绍给文佳兰。

　　邓长安当时恰好正在加拿大温哥华做访问学者，他以一贯认真严谨的态度指点文佳兰，最后还仔细审阅了文佳兰有关华西医学传教士的博士论文。

　　两人也就此成为朋友。他们的友谊一直延续了 25 年，直到 2015 年 1 月，95 岁的邓长安离世。

　　1982 年，文佳兰顺利通过博士论文答辩。事情至此本可以结束，文佳兰家境富裕，又有了可爱的女儿，她完全可以悠闲自在地在家里享受，或者做一些比较轻松的工作。不料此时，文佳兰对在四川的加拿大传教士的研究一发不可收拾了。自己家族的苦难经历，与那个时代中国动荡不安的社会现状，以及当事者历经的磨难等，长久盘桓在她心中，使她产生了去河流发源地探寻的念头。

文佳兰在家门口种了几株芦苇，象征着有竹子一般顽强的生命力

　　这是一份在别人看来自讨苦吃的差事，而她却一头扎了进去。

　　她给已经回到成都的邓长安教授写了一封信，做好准备去成都。

　　于是在姚守仁之后，邓长安成为又一位引领文佳兰深入研究加拿大传教士在四川的重要人物。

二

　　邓长安不但是我国著名血液病学家，也是著名的医学教育家。学生们非常喜欢听他讲课，多数人甚至把他当成偶像。

　　有老师回忆"有的学生连走路都模仿邓长安的姿态"。

　　的确，邓长安先后担任过《中华血液学杂志》《中华医学杂志（英文版）》等杂志编委，并参与编写全国高校教材《内科学》《中国现代医学》《中华内科学》等重要著作。

邓长安不但学识渊博，而且仪表整洁，更难得的是在经历了二十多年的国门关闭后，依然能讲一口流利的英文。这为不懂四川方言的文佳兰在成都采访提供了最直接有力的帮助。

文佳兰能完成《竹石》得益于邓长安。而邓长安也想让世人了解一个真实的华西，一群从华西协合大学毕业的中国医学人才，以及教授他们的外国老师和专家们。

邓长安1920年出生于广东顺德，24岁毕业于上海圣约翰大学生物系。

圣约翰大学是当时中国第一所现代高等教会学府，也是中国第一个全部用英语授课的学校，对学生要求十分严格。

从圣约翰大学毕业后，邓长安萌发了当医生的想法，于是又考入华西协合大学医学院。

1947年邓长安从华西毕业，并获美国纽约州立大学医学博士学位。随后，他在华西医科大学附属医院内科担任住院医师。在华西他结识了姚守仁，两人不但是师生，也成为朋友。

1949年底，成都被围城，激烈的枪炮声不断传来。姚守仁担心那些伤势严重的士兵和百姓无人照料，决定冒险出城去营救。考虑到可能遇到的生命危险，他让同事与学生慎重考虑。最终一名美国医生和两名中国学生甘愿与他前去救死扶伤，邓长安就是两个学生中的一个。

不想出城不久，他们就被几个解放军当成"美蒋特务"抓住，并押送到临时设在一个农家的指挥部审问。

高鼻凹眼的姚守仁和美国同事正为无法证明自己不是"美蒋特务"，而是一名医生心急如焚时，忽然一个头上缠着纱布、约莫6岁的小女孩从屋里跑出来，一把抱住姚守仁的大腿兴高采烈地大叫："姚爷爷！妈——姚爷爷来了！"

原来一个月前，小姑娘头部被流弹所伤，造成下颌骨骨折，正是经过姚守仁救治才逐渐恢复。眼下，这女孩面颊上的钢钉还未取下。

解放军的临时指挥部就设在小姑娘家。解放军见小姑娘一家与姚守仁这般熟悉，方知姚守仁所说句句是实，于是释放了他们4人。

而他们马上赶到双流一带，夜以继日地救助了20多位伤员。

经历了这番波折，邓长安与姚守仁走得更近了。然而不久姚守仁不得不离开中国，而邓长安也就此与老师中断联系。再后来，国内的各类运动一个接一个，邓长安在其中饱受磨难。

1986年姚守仁携三个在四川出生的孩子故地重游，他很想访问当年在荣县结识的好友谢氏夫妇。《月亮门那边的故事》一书，就是以谢氏夫妇富丽堂皇的宅院的月亮门为题。然而姚守仁夫妇直到去世，也始终没有打听到任何关于谢家的消息。

文佳兰在同姚守仁与邓长安的交流中，仿佛看到成都这个遥远的地方逐渐走近，慢慢地鲜活生动起来。

三

文佳兰最初的调查是艰难的。她从保留文献中得知，华西协合大学从1920年—1949年共有579名男女学生毕业。

然而20世纪20年代的40名学生大多已不在人世，来自四川以外的学生则分散在全国各地，毕业于40年代的学生，大约有一半移

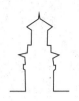

民国外。于是寻找这些老校友耗费了她许多时间，直到 1988 年才在校友会的帮助下找到一份国内同学通讯录，上面有 128 人的姓名与地址，文佳兰给其中 88 位在外地的人寄去问卷调查表，对在学校内的校友则上门采访。

华西协合大学老校门

调查表的内容包含校友的社会经济背景、学生生活、毕业后职业、对医学发展的看法 4 个大类 50 多个问题。

其中，有"1957 年反右运动中，你是否受到过批判?""你的孩子是否因为你的问题受到牵连?""你是否被下放到'五七'干校过? 干校在何处? 在那里待了多久?"等等在当时比较敏感的问题。

文佳兰心里没有底，不知道多少人愿意填写她的问卷。尽管文佳兰提出同不愿意将个人资料公之于众的人签署保密协议，调查仅为研究所用，但那时"文化大革命"刚过去不久，这份问卷看上去有点类似政治审查表，还是让一些人心有余悸，担心某一天又被扣上一顶可怕的帽子，再次划入"黑五类"。

华西协合大学是 1910 年由英、美、加拿大三国基督教会的 5 个差会美以美会、公谊会、英美会、浸礼会、圣公会共同开办的。创办之初几乎全是外籍教师，后来才逐渐增加了华人。由于这个原因，不少在华西协合大学任教，或者毕业于华西协合大学的人曾经被冠以

"里通外国""崇洋媚外""反动学术权威""资产阶级知识分子"等罪名，受到残酷批判和无情打击。

但出乎文佳兰意料，最后有 51 份问卷反馈回来，尽管有的答卷人十分小心，拒绝回答可能暴露自己身份的信息，使一些资料不够完整，但是回收率达到 40% 已经令文佳兰非常满意。

与此同时，文佳兰在校园内采访，征得受访者同意后，她自己代受访者填写问卷。

西医入川是 1892 年，由赫斐秋、启尔德、史蒂文森、何忠义等人开创。此后到 1913 年的 20 年间，加拿大教会在中国西部建立了 10 个中心站点，每个中心站点都建立了医院。

最大的 3 个站点是成都、重庆、自贡，其余 7 个分别为嘉定（乐山）、荣县、仁寿、彭县（彭州）、泸州、忠州（忠县）、涪州（涪陵）。

这些医院被视为华西的分院或者姐妹医院。从华西培养的华人学生会在这些医院实习，或者毕业后分配到这些医院工作。

为此，文佳兰分别到成都、乐山、北京、天津、上海、香港，以及美国采访了 44 名校友，获得了丰富鲜活的资料。

"很多西方人觉得中国人与陌生人交流时非常谨慎。可是当我采访华西校友时，他们的直率有时令我惊讶，有的还会批评我对中国文化的误解。"文佳兰说。

"最让我难忘的一份问卷是我快离开成都时收到的，拆开信封，里面有一封信，是被调查者的儿子写来的。他在信中写道：这份问卷本应该由我妈妈填写，可是她已经不在了，她在'文化大革命'中被逼自杀，现在我来替她回答……我拿着这封信去机场，在成都到北京的飞机上我一直在哭，难以表达地揪心。空乘小姐过来问我怎么了，需要帮助吗，我说不出话来……"

时隔多年，文佳兰回忆起此事依旧一脸悲戚。

这位校友 20 世纪 40 年代毕业于华西协合大学，出身于一个富裕的大家族，父亲是当地一名官员。"文化大革命"时批斗她的罪名是"地主阶级的孝子贤孙"加"反对毛主席"。她自杀后，人们从她的衣服口袋里找到一份遗书，上面写道：毛主席，我永远忠于您老人家！

她以死表达自己的忠诚，而她的忠诚却因为阶级划分备受冷落。

华西协合大学一隅

从 1949 年到 1979 年，中国对西方教育的评价，曾经打上"文化侵略"的标签。于是，从 20 世纪 50 年代开始，许多思想改造首先针对那些受过西方教育的知识分子，使他们不断受到批判和打击。

由于他们多数在专业上属于上层精英，而在阶级划分上又属于社会底层、被批判的"臭老九"，这种扭曲与矛盾，歧视与打压，让他们受尽煎熬！

文佳兰在采访中遇到不少这样的校友。尽管最初的采访非常艰难，但是校友们在逆境中的坚韧与顽强深深地感动了文佳兰。

四

文佳兰到四川进行最初采访时，非常茫然，有太多不理解，无数个"为什么"找不到答案。

来中国内地之前，她的研究资料都来自加拿大多伦多、美国华盛顿等地的档案馆，采访对象则是生活在中国香港、西方的华西校友，以及当年的传教士、外交官等。于是，她根据自己掌握的资料和在国外研究的模式设定了一个调查研究方案。

可是到中国内地以后，她发现这个预先设计的模式难以操作。进行跨文化研究的实证方法——即"独立、公正、注重统计学"的模式，在"文化大革命"刚结束的中国无法通行。

一个中国社会学教授看了她的方案，说是"隔靴搔痒"。

因为她在国外采访的校友大多在 1949 年以前离开四川，此后的四川对他们来说也是一个封闭世界，只能道听途说。

于是，文佳兰尝试着摆脱固有观念，尽量像一个从温哥华航行到遥远四川的传教士一样去感受他们；同时又像一个年轻中国学生离开儒家家庭环境，进入西部第一所教会高等院校那样去体验。她在两种不同文化中切换、穿梭。

同时，她仔细研究从美国式教育向苏联式教育转换，再向中国式教育的转换，由此而感受每一次转换的阵痛。

她于 1986 年、1988 年、1989 年三次来中国深入研究。在克服无数曲折与艰辛之后，她的执着、坚韧，以及严谨求实的态度获得了华

BAMBOO STONE
The Evolution of a Chinese Medical Elite

徐杉
With best wishes and
great respect for your work!
文佳兰
2015年10月于日
多伦多
加拿大

文佳兰赠送作者《竹石》一书的签名

于华西的乐以成、曹钟梁、杨振华、陈志潜、方谦虚、宋乳耀等知名学者交流，使文佳兰对中国有了较深的了解。如果有时间，或者对方同意，她会再次采访曾经的受访者。而每一次访谈，都能获得更多信息，这些对弥补和纠正先前研究中的遗漏和错误起到了很大的作用。

一天，一位老者登门拜访，不但带来 1949 年以前学生的名单，还向她讲述了 20 世纪的 50、60、70 年代。这不是一组

西学者们的认可，终于获准查阅华西协合大学的老档案。

她是第一个被允许翻阅这些档案的外国人。那时中国的研究人员还不能接触那些"敌伪时期档案"资料。

面对那些残破且没有索引的资料，在满是尘土并经常停电的老图书馆里，文佳兰觉得自己是个幸运的人！

多次来中国，再加上与毕业

文佳兰家里陈列着各种中国物件

简单的数据，而是不同时代背景下，政治对人产生的影响。

文佳兰用12年时间研究华西协合大学，终于突破不同文化之间的障碍。最后，她以郑板桥的诗《竹石》为自己的著作命名。

她真切地感受到华西的开拓者就如《竹石》诗中所写："咬定青山不放松，立根原在破岩中。千磨万击还坚劲，任尔东西南北风。"

在石缝中艰难扎根生长的竹子，正是启尔德、启希贤、毕启、林则、谢道坚、苏道璞、苏继贤、苏威廉、姚守仁、杨济灵、文幼章等许许多多加拿大来川人士的写照。

如果说，抗日战争期间为救治八路军付出生命代价的白求恩大夫值得我们怀念和赞颂，那么那些在中国西部传播现代文明、仁爱济世几十年，有的甚至连续三代人付出毕生精力和全部心血，还有的年纪轻轻就为治病救人献出生命的西方人士，不是同样值得我们深深铭记吗？

如今拥有4000多张床位的华西医院，是中国目前收治病人最多的医院之一。如果没有他们当初奠定的坚实基础，怎么能切实有效地把救死扶伤、仁爱济世由理想变为现实？！

五

文佳兰带我从她小时候生活的街区出来，又到一家中国餐馆继续聊着她在四川采访的往事。

餐馆的老板是云南人，定居加拿大多年。他第一次见到文佳兰就说她很像自己去世的母亲，并向她讲述自己的母亲。于是他们之间有了一份特殊的友谊，文佳兰时不时会光顾此地。

餐馆里往来的华人居多，如不是偶有英语飘过，仿佛就同在中国一样。

不知不觉已近黄昏，文佳兰丈夫来电话说，要过来陪我们吃晚饭。过一会儿他又来电话，说你们可以讲中文，我插不上话，还是自己在家吃饭。

他们每次通话都显得很温馨，六十多岁的文佳兰有时会露出少女般的微笑。看得出，他们夫妻非常恩爱。

文佳兰说犹太人很注重家庭。她在写《竹石》期间，还担任着曼尼托巴大学中国政治学和亚太经济学教授及高等教育研究与发展中心政策研究室主任，工作十分繁忙。那时孩子又小，每次她去中国时丈夫既当爹又当妈，虽然自己的父母会来帮助照料孩子，但是孩子们更愿意缠住爸爸。如果没有丈夫的支持，自己根本无法完成研究。文佳兰深情地说。

文佳兰的丈夫 Harvey Schipper 是一位在血液肿瘤方面卓有成就的专家，因为妻子研究中国的缘故，他也取了一个中国名字：石白河。

在妻子的引见下，石白河认识了邓长安。由于他们研究的领域相同，有许多共同语言，所以彼此欣赏。两人多次在中国和加拿大的医学会议上交流，一起在教室和病房中授课，堪称相映生辉。

晚餐结束后，文佳兰邀请我们去她家。

文佳兰的家位于多伦多的一个豪华社区，她却在别墅门口种植了一些芦苇，这种看似巨大的反差却有着别样的美丽，展现出她与众不同的性格。

多伦多寒冷的气候不适合竹子生长，便以芦苇替代。它们顽强的生命力与外形颇为相似，看到它们就如同见到《竹石》中的故人，文佳兰动情地说。

跨进屋里，宽敞雅致，温馨洁净，中国饰物随处可见。

作者（中）在文佳兰（右）家中

　　文佳兰说丈夫石白河经常劝阻她：不要把家里弄成中国博物馆。可是客厅壁炉正上方却挂着一幅巨大的摄影作品，照片中几个中国僧人正在欣赏安大略湖旖旎的风光。

文佳兰客厅壁炉上方一幅照片，四个中国僧人在欣赏安大略湖风光

"看，那是他拍摄的，不是更中国吗？"文佳兰指着照片说。石白河笑而不语，身上还扎着围裙。

我们在文佳兰家聊到很晚，最后是石白河驾车把我们送回旅店。这个高大帅气的男人一直在《竹石》后面默默付出。

几天后我们参加"CS"聚会，他又陪妻子一同前来。他虽然已经退休，但每周还要到多伦多大学医学院授课。只要有时间，妻子的事他一定积极参与。

2000 年，文佳兰与丈夫建立了松河治疗中心——综合性青少年心理健康和成瘾治疗中心，成功地为许多青少年治愈心理疾病。

她的经验被很多地方采用与推广。为此，文佳兰获得了加拿大勋章，这是她在《竹石》之后，另一项扎根破岩的艰巨工作。

作者与文佳兰（右）

细想文佳兰的人生，从加拿大约克大学政治学、历史学博士，到加州大学伯克利分校亚洲研究中心文学硕士、加拿大亚太基金会副总裁等，在别人眼里，文佳兰可谓一帆风顺。可是家族曾经遭受的苦难与艰辛，使她对痛苦与磨难有着比其他人更加深刻的认识与感悟。这也是她选择以清末民国时期到四川的加拿大医学传教士作为研究对象的原因。

　　她的知识积累、思维方式和与众不同的人生经历，决定了其研究成果有独到的视角与深度。

　　2016 年 1 月，《竹石——华西医学精英的成长》终于翻译成中文，并由中国文化出版社出版。

　　2016 年 4 月 25 日，《竹石——华西医学精英的成长》发布会在四川大学华西校区隆重举行。数十名华西老校友、老领导、海内外校友代表、医学史研究专家出席了该会。

《竹石》中文版

《竹石》中文版文佳兰留言

《竹石——华西医学精英的成长》源于中国，终于从加拿大回到故乡。

　　这部研究性的著作，从不同的视野和角度，展示了那一段值得珍视与反思的历史！

第十四章　加拿大采访散记

一、麻婆豆腐

我不善做菜，究其原因，我想应该归咎于我的家庭。父母长期援藏，我从小生活在寄宿学校，一家人聚少离多，没有机会也没有条件在厨房学习实践；再则，父母年轻时家庭都曾遭遇巨大变故，在讲究"出身"的年代里，处处小心谨慎，教育子女时总是将"吃"列为罪过之一。久而久之，我对做菜既没有技术，也没有更多热情。不想这次到加拿大，竟然冒充了一回大厨！

在 Owen Sound 采访期间，几乎每个受访者都会提到童年记忆深刻的中国美食——麻婆豆腐。于是我准备在采访结束后，请他们到当地中国餐馆吃一次麻婆豆腐。

麻婆豆腐在中国是一道家常菜，高中低档餐馆都能做，我以为加拿大的中餐馆做这菜也不是难事。

那天，在几个老人的指引下，我们来到城里一家中餐馆。进门后我有点蒙，从服务员到厨师，清一色西方人面孔，连菜单也全部是英文。这是中餐馆吗？我不禁问。当然！金发碧眼的年轻女服务生很肯定地回答，并说门口有中文。

我这才想起大门上方的英文中似乎夹有"金星"两个中文字。这里能做什么中国菜？我问。番茄炒鸡蛋、土豆丝、火腿炒饭、以及云吞面。金发碧眼女子一一报上。听上去感觉是亚洲快餐大杂烩，我不免失望。我试探着问可以做麻婆豆腐吗，金发碧眼女子摇摇头。我说你去问问厨师，我们今天是特意奔这道菜来的。

女子想了想，转身去了厨房。不一会儿高鼻凹眼的厨师出来表示歉意。他从来没有做过这道菜。看着身边老人们失望的表情，我不知从哪里冒出的勇气，问：有无豆腐，如有，我教你这道菜。其实我以往并没有亲自做过，大致记得有哪些配料。

厨师有点犯难，说除了有豆腐、猪肉和葱之外，豆瓣、生姜末、花椒粉、辣椒油之类的调料都没有。

我暗暗叫苦，这哪是中餐馆！看看门外绵绵不绝的秋雨，心想既不方便带老人们另觅餐馆，也估计这座小城的其他中餐馆大约也徒有其名。唯一的办法只有硬着头皮上。我佯装镇定将制作方法一一讲述，厨师记下后返回厨房。

不一会儿，云吞面上来，快餐面条上卧了几粒速冻馄饨。接着店里仅能做的几道"中国菜"也上桌，全是大同小异，都是经过改良的炒饭。

等了好一阵，麻婆豆腐终于登场。可哪里是麻婆豆腐？分明是加肉末的烧豆腐！离麻婆豆腐十万八千里。

我怀着忐忑不安的心情看老人们把豆腐送到嘴里，可是情况大大出乎我意料。他们表现出不同状态的激动，连连说好吃！好吃！并向金发碧眼女子要餐厅的名片，准备下次光临。

女子一阵兴奋，去厨房告诉厨师。厨师出来强调"要提前预订"。看得出，他刚经历了一番手忙脚乱。

餐后吃甜点时，一位老人拉着我的手说，没想到你这个作家厨艺还这般好！其余人也纷纷夸赞。我有点受宠若惊，也有点哭笑不得。

晚上与先生视频时谈起这件事，先生忍不住大笑，说你胆子真大，就你那样的手艺居然敢指点厨师做菜！他们品味的是童年记忆，而不是享口舌之福。

先生说得对。麻婆豆腐是他们童年的记忆，深入骨髓的中国味道。即便貌似或形似也能慰藉思乡之情。

二、丁克生的"笑话"

我没有想到丁克生（Frank Dickinson）博士绘画水平如此不俗！那是一幅在四川的风景写生，赠给时任华西协合大学化学系主任的陈普仪教授，如今挂在陈普仪的儿子陈大维的客厅里。

作者与陈大维夫妇

丁克生的峨眉山风景画

　　丁克生是美国人，一位颇有建树的生物学博士。之前，我听到不少他的逸闻趣事。他在来川的北美人中是最扎眼的，身高大约只有一米六，而且体态肥胖，显得比实际身高更矮。于是有人给他起了一个外号"丁矮子"。

　　丁克生的四川话讲得非常地道，而他初学四川话的方式与众不同，不是在课堂里书本上，而是跟乡间农夫从学方言俚语开始。

　　他 1913 年来四川，在引进西方奶牛的同时，也引进了橙子、苹果、西红柿、甜瓜、玉米等。饲养奶牛还好，即便淘气的孩子也不会去捣蛋。可果园栽培试验地的境遇就完全不同了，才开始挂果，孩子们就像蜜蜂一样围着转，逮住机会就会溜进去偷吃。

　　为此，丁克生颇费精神，最后不得不雇请一个工人寸步不离看守，可就这样果子还是不断遭偷袭。

　　一天工人生病了，其父便顶替儿子来上工。丁克生见他矮小精瘦的模样，心里顿时不乐意了，心想年轻力壮的儿子尚且不能阻止偷果子的孩子，何况这看上去弱不禁风的老头！可是一时找不到合适的人替代，丁克生只好作罢。

丁克生（左）引进的柚子树

第二天丁克生有事不得不离开，等他下午心急火燎赶回来时，远远看见几个孩子从果园门口跑出来。丁克生心想坏了，老头哪是这帮顽童的对手？平时他儿子挥舞竹竿连追带打才能将他们轰走，不知又有多少果子遭殃！他赶紧加快步伐向果园走去，还没有走到门口，听见老头连珠炮般吼叫，声浪铺天盖地，震得丁克生耳膜嗡嗡直响。

那时丁克生到中国时间不久，不明白老人在嚷嚷什么，从腔调与语速大致能判断在骂人。可走进果园，他却发现果子安然无恙，而老头看上去也没有动武，只是手拿烟杆走来走去吼叫。

难道老头什么有特殊的力量？接下来几天都很安静，丁克生感到很奇怪，便找翻译问老头用什么办法把孩子们撵走的，老头不好意思地笑了笑，闭口不答。

丁克生明白老头不愿意说，于是买了上好的酒和下酒菜请老头喝酒，请教他如何赶走顽童。老头起初不答应，架不住丁克生软磨硬泡，最后只好将责骂孩子们的话重复一遍。

丁克生（中）引进鸡的品种

丁克生一字一句认真学习，并用字母一一记录在本子上，遇上自己发音不准的，请老头反复示范口型，再标明轻重音节。

从此以后，丁克生一旦遇到来偷果实的人，就连珠炮般把这些词句甩过去："狗×的、龟儿子、×你先人板板、少妈老汉教的杂种"等。他说得痛快，并不懂其含义，不过偷东西的人减少了。这让丁克生很是得意。

后来，丁克生能讲一口流利四川话时，还会说："把我惹毛了，照样外侄打灯笼——照舅（旧）。一阵乱骂！"

在来四川的传教士中，丁克生大约是笑料最多的一位。他在华西坝饲养奶牛，最初只有来川的传教士喝牛奶，而四川人多以豆浆为饮料。后来一些在华西协合医院就医的中国人，体会到牛奶对恢复健康的作用，也开始饮用牛奶。

但是，四川本地的黄牛主要用于耕地和运输，产奶量比较低，无法满足越来越多的人喝牛奶的需求。于是丁克生尝试用进口奶牛与本地黄牛杂交，经过反复试验，最终培育出产奶量较之前增加数倍的新品种。

丁克生（右一）改良黄牛品种

在培育奶牛新品种的过程中，他不但经常住在牛圈一旁的屋子里，还搬来一台钢琴，演奏美妙舒缓的音乐。一段时间，丁克生"对牛弹琴"成为人们茶余饭后的笑料。

对此，丁克生也没多费口舌解释。很多年后人们才逐渐认识到音乐的类型、音量、频率等对动物的生长发育、应激和行为等方面有着不同程度的影响。美妙的音乐对动物的内脏活动及情绪等能起到很好的协调作用。

丁克生（右三）引进奶牛品种

丁克生先后在成都、乐山、雅安等地进行家禽家畜养殖与水果栽培实验，并且他还曾在雅安和华西协合大学校园里，成功地对野生大熊猫进行人工养育，一直被传为佳话。

三、史蒂文森与布朗小姐的中国之恋

史蒂文森的重外孙女 Carla Nordsfrom 说，她的家族如同一个女儿国，一代又一代几乎都是女儿。她的曾祖父和曾祖母养育了六个女儿，她的祖母有三个女儿，她的母亲有四个女儿。她认为这一切似乎与中国有关。

Carla Nordsfrom 的曾祖父名叫史蒂文森，是 1892 年首批从加拿大到四川的传教士之一。曾祖父与曾祖母是在去中国的轮船上相爱的，虽然他们的爱情遭到教会的反对与指责，但他们不顾一切走到一起。

作者与史蒂文森的重外孙女（中）和她的三个表妹

"CS"聚会期间，从美国赶来的 Carla Nordsfrom 向我讲述了她的曾祖父和曾祖母在中国难以忘怀的往事。

　　史蒂文森获得医学博士学位后，于1891年底与赫斐秋夫妇、启尔德夫妇、何忠义夫妇一行九人登上去中国的轮船。九人中有一名女传教士布朗小姐，她受多伦多妇女传教会委派。

　　多伦多妇女传教会原本想派遣一名女医生或者女护士，但一直没有找到合适的人选，权衡再三只得批准了布朗小姐的申请。她虽然不是医务人员，但为教会工作多年，人品与能力得到大家认可。

青年时期的布朗小姐

　　布朗小姐获得申请批准的同时，也向教会保证自己终身不嫁，并签署了相关协议。协议规定，一旦违反协议，不但取消她的女传教士资格，还将追回预付的薪酬以及相应的费用。

　　然而，当布朗与史蒂文森相遇时，早已做好独身打算的她，猝不及防坠入情网。那一年她34岁，迟到的爱情烈火熊熊，她奋不顾身。

青年时期的史蒂文森

到中国乘坐的轮船

1892年2月3日，布朗与史蒂文森在上海结婚。消息传到加拿大，多伦多妇女传教会十分恼怒，立刻取缔了布朗的传教士资格，停发薪酬，并要求她退回预付的工资和到中国的船费。一切来得突然，来得迅猛，布朗小姐的身份也一下转变为史蒂文森夫人，一个随行家属。

Rev. Dr. & Mrs. Hart

request the pleasure of your Company

at the Marriage of

Miss Amelia M. Brown, 寶

AND

David H. Stevenson M.D. 司徒

on February, 3rd 1892 at 1 o'clock.

DINNER at 2

AT 2, WHANGPOO ROAD, SHANGHAI.

1892年史蒂文森与布朗小姐在上海的结婚告示

1892年2月16日一行人离开上海，在长江上航行了五十三天才到达成都。其间，小船颠簸、土匪打劫、三峡惊涛险滩，一路惊魂。

六个月后，史蒂文森夫人在成都生下一对双胞胎女儿，丽娜与珍妮。丽娜就是 Carla Nordsfrom 的外祖母。两年后史蒂文森夫人又在成都生下第三个女儿玛丽。

清末，中国最动荡的年代。1895年5月27日，义和团风潮席卷成都，外国人和国外宗教人士成为首要攻击目标。由史蒂文森、启尔德等人创办的医院与教会医院遭到砸毁之后又被放火焚烧。

在这场动乱中，史蒂文森夫人遭到殴打，女儿丽娜被绑架。极度惊吓和焦虑之下，史蒂文森夫人精神崩溃。尽管后来保姆将丽娜营救回来，一家人也到上海避难，但史蒂文森夫人病情始终不见好转。

史蒂文森一家

　　史蒂文森考虑再三，最后带全家返回了加拿大，他想有一个安静的环境，让夫人能恢复健康。史蒂文森夫人病情逐渐好转后，又生下两个女儿。1913 年，史蒂文森举家迁往美国俄亥俄州的阿克伦，1932 年在美国去世。

　　史蒂文森夫人则是家族中寿命最长的一位，1954 年 91 岁去世。她不但目睹自己的六个女儿大学毕业，其中两个女儿继承父业成为医

老年时期的史蒂文森

生，还享受了孙女们、重孙女们带给她的天伦之乐。她的房间里总是

存放着许多小巧漂亮的水果糖，给孙辈们吃，她自己也吃，同享甜蜜。她与史蒂文森在中国惊心动魄的经历，是孙辈们渴望冒险、富于幻想的青春时代最难忘的故事。

Carla Nordsfrom 说，如果曾祖母不去中国，就遇不上曾祖父，也许一世单身，也就没有后来家族的延续，以及这许多奇特的故事。与 Carla Nordsfrom 一同来参加 "CS" 聚会的三位表妹，是想探究更多与家族有关而又令人神往的中国往事。

老年时期的史蒂文森夫人

四、相遇阿米绪

阿米绪，一群身处发达的现代化社会，却拒绝现代化，恪守简单、质朴、古老农耕生活方式的人。

他们几乎不使用电灯、电话、电视，熙熙攘攘的车流在门前川流不息，但不为所动，坚持以马车作为交通工具。

无论机械、化肥、人工饲料、添加剂等以何种花样百出的方式推销，始终没有进入他们的生活空间。

他们的群体虽然很小，却坚强无声地表达了固守传统的意志。

（一）

我与阿米绪意外相遇，是在加拿大多伦多西南一个叫 Kitchener 的城市。

那天我们驱车前往 Kitchener 是为采访 92 岁的 Bob Kilborn，他 1923 年出生在峨眉山新开寺。其祖父 1892 年到达中国四川，他的祖母、父亲，以及他本人与中国结下三代缘分。

我们约定下午 2 点在他现在居住的老人院见面。可是那天到达 Kitchener 时间尚早，便决定在城边转转，不想意外闯入了阿米绪的生活圈。

Kitchener 如今大约有 23 万人。据介绍当地有不少德国移民后裔，除了保留不少德国习俗之外，地名也曾叫柏林，因字母拼写与德国的柏林相同而得名。后来，德国在二战中臭名昭著，当地人觉得称柏林脸上无光，便改为如今的名字。

我们在城边一个行人稀少的地方停了车，左右望去，正不知该往

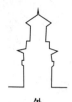

何处，忽然看见公路右边茂密的树林中隐隐有条小溪，远处枫叶色彩斑斓，随风摇曳，落英缤纷，好似别有洞天，便横跨公路走过去。

踏上临溪小径，四下静谧，不见人影，五彩缤纷的树林里散落着一幢幢木质小别墅，朴实无华，干净整洁，与大多数精致豪华的别墅截然不同。

走着走着，我的目光忽然被一个女人吸引。她出现在一侧院子的落地玻璃走廊里，如同从欧洲古代油画里轻轻地走下来：头戴一顶样式特别的软边布帽，身着素色连衣裙，长长的裙摆几乎贴近地面，款款而行，颇有仪态。

这种古老的装束我只在描写欧洲 18 世纪故事的电影里见过，出现在这里有点时光倒流的感觉。

那女人见我驻足打量她只是淡淡一笑，既没有停顿，也没有更多表情，很快消失在走廊尽头。

这地方是做什么的？拍电影？还是其他？我问。

陪同我的加拿大朋友 Ken 曾经在这座小城生活几年，然而对此一脸茫然。不过他想了想说可以进去看看，当地人大都比较友善，不会为难不速之客。

推开木栅栏门，院子并不大，绿草茵茵，中间有一口摇井。我用手摇几下，一股清水哗哗流出来。正想捧水饮一口，忽见井架上有一块小木牌，上面一行小字：年久未修，请勿饮用。

离开摇井，顺着石板小路走几步看见一扇门，推开，转过一道弯，就进入刚才那个妇女走过的落地玻璃走廊。

沿玻璃走廊向前，发现我好像进入一个大客厅，屋里暖洋洋的，弥漫着烘烤面包的香味。

　两个身着素色长裙的妇女正在绣花，头戴与先前瞥见那个女人相似的帽子。墙上挂着一张很大的碎花拼贴布壁挂，四周还有一些小块的布艺拼贴画，以及手工制品。

对于我们的到来，两个妇女既不热情，也不冷淡，轻声与 Ken 说了几句，便指着客厅的尽头一扇开着的门，示意我们可以过去。

看见四周特殊的陈设，我慢慢回过神来，大脑深处的记忆被唤醒，似乎明白自己走入了一个阿米绪的家庭！

原来 Kitchener 人说的德国后裔，其中就有阿米绪。

我过去从一些资料了解到，阿米绪主要集中在美国的宾夕法尼亚州，曾经被作为固守传统拒绝进步的案例，也被作为少数人与法律平等之间如何协调的案例。

我一直想有时间到美国去看看阿米绪这个特殊的群体，却没料到在加拿大与阿米绪相遇了。世间的缘分总是这么奇巧！

阿米绪对大多数人来说是陌生而又神秘的。他们不但人数少，而且谦卑低调，很不愿意向世人展示自己。

他们虽然生活在现代化的都市，但在心理上始终与红尘中的人保持一定距离。着装打扮也保

身着传统服饰的阿米绪主妇

持古风，大都穿着 18 世纪的服装，男人黑衣黑帽，女人黑色长裙或素色裙。女人们不佩戴任何首饰，无论节庆还是平时皆是素面朝天，保持自然容颜。

阿米绪人的来历，要追溯到 16 世纪的欧洲。在当时宗教改革的

大潮中，瑞士产生了一个激进派，认为为贯彻宗教信仰应该在日常生活中严格实践《圣经》，反对奢华和繁文缛节。因此，孩子出生后被大人送去第一次洗礼不算，而应该在孩子成年后，按照自己的意愿，主动再一次接受洗礼才有意义。于是，他们也被人称为"再洗礼教派"。

再洗礼派从一诞生，就被罗马天主教和其他新教教派视为异端，遭到来自政教两方面的反对和镇压。一些地方的信徒被大批监禁甚至杀害，男人被送上火刑架，女人被活埋。

因此，他们不得不悄悄地聚会祷告，没有固定的场所，也没有标准的仪轨。直到17世纪，再洗礼派依旧处境艰难。可是，世上有一种看不见摸不着，或者看似柔弱却十分执着的东西，却能在腥风血雨中顽强地生存，那就是内心无比坚强的信仰！

再洗礼教派在默默无声中，像一股涓涓细流，竟然在欧洲发展成两个有代表性的分支。

在16世纪中叶，一个叫作梅诺（Menno Simons，1496—1561）的荷兰人试图在北欧重建再洗礼派团体，他们的后继者叫作梅诺纳特（梅诺派）。另一支派是一个叫阿曼（Jacob Amman，1664—1720）的瑞士人建立的。在17世纪末，他号召在瑞士和南莱茵河处于分散状态的再洗礼派改革联合。这一派就被叫作阿米绪，也就是阿曼派。

最终为了生存，他们开始向北美移民。据资料记载，最早的移民点在美国的宾夕法尼亚州，随后一批又一批移民来到北美。

Kitchener是一个水码头，于是加拿大安大略省成为欧洲移民登陆点之一。

相对于梅诺纳特而言，阿米绪更保守，他们的生存状态与现代生活反差也更大。外界人大都弄不清他们之间的区别，就把他们都称作阿米绪。

在这里我了解到，如今安大略省的阿米绪有 2 万多人。

（二）

我穿过一个走廊，进入了一个大厨房，一个身着灰色长裙的妇女正在炉边忙碌，锅里正翻滚着一种类似元根的植物。妇女说煮软了后可以食用。一旁长餐桌上有一大块刚切开的黑面包，前方有两个碟子，一个盛了黄油，另一个装了枫叶糖浆。我在客厅里闻到的麦香味原来就是从这里散发出来的。

妇女约 40 多岁，衣着朴素、素面朝天，神情温和、轻言细语。当我提出想与她合影时，她有些羞涩，抱歉地说干活把围裙弄脏了，但是并没有拒绝。

我们聊了一会儿，忽然进来一群小学生模样的孩子。女孩子一律身着长裙、戴软边布帽，男孩子身着黑色的衣裤。在他们身后跟着一位年长丰腴的妇人。

我举起相机正要拍摄，妇人挥手制止，我只好作罢。孩子们微笑着边走边打量我，鱼贯进入厨房左侧的一间房子，最后一个轻轻合上门。不一会儿传来妇人的声音，那情形像在向孩子们讲解什么。

煮饭的妇女露出些许歉意的表情，指着楼梯让我上去看看。

我沿楼梯而上，二楼陈列着床、衣柜等各种居家生活用具。顶端的阁楼上摆放着纺车、捕猎工具，以及各种家具和农具。

每一件家具上都留有经年使用磋磨的痕迹。用具无一不朴实厚重，简简单单，没有任何装饰。这与我熟悉的中国古代，尤其是明清两代雕龙画凤的家具形成鲜明的对比。

看得出来平时这里没有住人，只是一个阿米绪传统生活状态的陈列室。这时我才弄清楚，这里是一个梅诺纳特的社区，也有人叫阿米绪社区。

阿米绪男士节日着装

阿米绪与众不同之处在于主张过简朴、平淡的生活，以家庭为中心。

一个人从出生、受洗、做礼拜、结婚直到丧礼，所有这些活动都在家里进行。所以他们非常看重家庭，离婚率极低，不准堕胎，崇尚多子女。他们有自己的学校，课程只有英语、日耳曼语、《圣经》和算术。孩子大约相当于中国的初中毕业后就不再继续上学。人老了不会去政府办的养老院，以传统方式颐养天年。一些没有儿女的人年老以后，会得到邻居或教会的赡养，直至送终。阿米绪不服兵役，不当警察，也不参政。因为孩子不上高中，与国家宪法相抵触，曾经爆发了激烈的冲突，然而最终得到妥善解决。

阿米绪人没有固定的教堂，宗教活动多是轮流在家庭中进行。他们以农耕生活为主，拒绝使用化肥和添加剂。在倡导绿色食品的当今，他们被视为最好的农夫，其农牧产品深受欢迎。

离开这个阿米绪社区中心跨过公路，忽然听到背后有人呼喊。转身一看，一个妇女站在对面挥动一条丝巾，我定睛一看正是自己的丝巾，不知什么时候落下的。妇女急匆匆跨过公路，把丝巾送到我手上。当她得知我来自中国时，欣喜地说中国的刺绣很漂亮。这是她对中国仅有的认知。

阿米绪孩子们正有序进入单间教室上课

（三）

结束对 Bob Kilborn 采访后，我去了 Kitchener 的老码头，试图寻觅当年欧洲移民登陆的旧迹。然而岁月流逝，不复当年的景象。

我们去了一家老咖啡馆，是由一个老式仓库改建的，磨损的红砖墙，刷了黑漆的屋顶，同样颜色的桌椅。一切简简单单，朴实无华。不想咖啡和点心却出人意料的好！

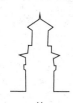

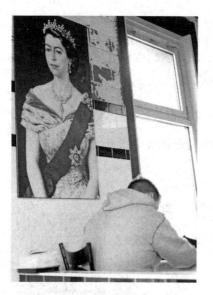

挂有英国女王伊丽莎白画像的咖啡馆

国内这些年雨后春笋般地开设了不少颇有情调的咖啡馆，在以饮茶为主流的中国，人们去咖啡馆，大都是享受那份情调。

而在这里，一切以简朴和本色为基调。墙上醒目的位置上挂着英国女王伊丽莎白年轻时的巨幅油画肖像。加拿大是英联邦国家，英国女王在许多老人心中依然占据较高的位置。

下方有两张老照片，拍照时间是 1895 年。照片上的一群年轻人脸上洋溢着朝霞般的笑容。只有在一个宽容、开放、富足的环境下，才可能绽放出这般明媚的欢笑。

可以想象，当年那些历经磨难辗转而来的阿米绪移民，看到这样的笑容是多么悲喜交加！

我一边品尝咖啡，就着阿米绪优质小麦烘焙的点心，一边与 Ken 谈论有关阿米绪的事。

Ken 说当地阿米绪人相当团结，一家有事，大家都来帮忙，而且从来没有听说他们之间有吵嘴、打架之类的事发生。另外，阿米绪的老人也不会像大多数加拿大人年老之后去养老院；可从没有出现老无所养的问题。

Ken 认为阿米绪能固守传统与他们对后代的教育有关。他们的孩子都是在自己办的学校读书，课本自编，学校就一间教室，称为单间教室，一至八年级在一起上课。

Ken 曾经与人打赌，说阿米绪人一旦上了大学，就不会回到原来的生活中，可打赌的结果是他输了。

阿米绪人上大学的少之又少，即便读了大学也依然回到原来的生活中。

更让他百思不得其解的是，阿米绪人进入青年时期，也就是将进行再洗礼前，许多家长会有意放松对孩子的管束，让他们有机会体验花花世界的诱惑和新奇。

过一段时间后，由他们自己选择是脱离阿米绪保守的生活方式，还是回到阿米绪生活中。

这些青少年离开家后，就像社会上的其他年轻人一样：求职，工作，学开车，看电影，有人甚至酗酒，等等。可是，最终绝大部分年轻人都回到了阿米绪的行列，过着在 Ken 看来保守刻板无趣的生活。他觉得难以理解！

阿米绪家庭手工纺线工具

Ken 这番话让我联想起中国一些偏远山区或少数民族地区，也保留着一些独特的传统生活方式。但是，能保留的主要原因是地处边远，信息闭塞，似乎与信仰无关。

一旦修通公路，电视和电话进入家庭，外界的同化就如秋风扫落叶一般横扫传统。有时甚至吸取外界糟粕比接受文明更快。

一些景区频频因坑蒙顾客被曝光，原因就在于此。在经济大潮的冲击下，一切都显得无招架之力。

仔细思考阿米绪的存在，除了信仰的支撑之外，另一个重要原因是社会的宽容度。比如，同意他们的孩子不上高中，青年不服兵役，马车在公路上行驶等。这些是在矛盾爆发之后，经过反复调查、了解、协商、妥协、退让，最终达成的一种条约。

阿米绪的妥协表现在一些看似细微的地方，比如马车在公路上行驶时，车尾部安装一个橘黄色三角形的标志；马车夜间行驶的黯淡的油灯，改用干电池的车灯等。对于固守传统的阿米绪来说，这些也是一种妥协和退让。

（四）

返回多伦多的途中，我们依然在谈论阿米绪。Ken 说如果在乡间看到房屋后有巨大粮仓的，一定是阿米绪；在高速路上行驶，看到脖子上挂着铃铛的马拉车，也必定是阿米绪……

阿米绪的交通工具——马车

阿米绪就在现代化的社会里，在灯红酒绿的红尘中，可是他们并没有被现代化的大潮所击垮，依然坚守自己的生活方式和自己的文化，无论被认为是传统，还是落后。

他们的存在，不仅仅向世人展示了一个古老生活方式与现代社会和谐相处的典型案例，更重要的是向全世界讲述了一个关于坚守与宽容的真实故事。

五、Ken 的烦恼

（一）

赴加拿大采访，由于人生地不熟，张颖明先生说只有找 Ken 来帮忙了。

在多伦多打出租车要事前预约，而且价格不菲。的确，几乎每个家庭都有车，有的甚至几辆，出租车行业日渐萎缩。

Ken 来了，瘦得像电线杆子的身上穿了件又旧又皱的薄衬衣，暗红色格子衬衣比身躯小几号，风一吹肚脐似乎都露在外。他连连打喷嚏，摇得满头花发乱晃，眼镜后一双忧郁的眼睛透着些许迷茫。

我的车不好，Ken 说。我知道他失业了，心里充满同情。在中国失业的代名词是下岗，意味着是弱势群体。

Ken 原是一名电气工程师，与妻子离婚后，在中国寻觅到一个英语教师的职位。

他本以为可以像祖父和父亲一样，在中国获得很好的发展，既有社会地位，又有可观的经济收入。可是老天偏偏不眷顾，让他在中国处处碰壁。

究其主要原因，是他的教学方式与中国的教学大纲差距较大。

Ken 认为中国的教学大纲有不少地方莫名其妙，毫无实用性，可是雇用方坚持以教学大纲为根本，目标只有一个：高考。于是每次争执的结果都是他卷铺盖走人。

合同上许诺的年终奖和分红提成也成了水中月镜中花，一场空欢喜。不到两年时间，他先后从成都转到十堰，再辗转到哈尔滨。学校也由重点变为非重点，再转为一些培训机构。

工作上不走运的他，却意外地娶了位中国妻子。

他们是在网上认识的，不懂中文的他，与不懂英文的她是通过一个网站，靠一款翻译软件交流而成婚。据说这款翻译软件促成了不少彼此语言不通的涉外婚姻。

这位中国妇女曾是一个下岗工人，四十多岁，在网上与 Ken 聊上不久，谋到一份超市售货员的职位。

婚后不久，花甲之年的 Ken 喜得贵子，心里别提有多么高兴！他与前妻仅有一个女儿，离婚后往来极少。Ken 的失落终于有了补偿。

Ken 本想在中国多待几年，然而中国政府对外籍人士居留有严格的规定，合同期满后必须离境。

人口负担极重的中国，大约是世界上最难移民的国家之一，要想获得中国的绿卡难上加难。

Ken 不得不独自返回加拿大。回国后，他一直找不到满意的工作，与前妻离婚时分到的钱所剩无几。他在中国当教师挣的钱仅够生活开支，更别说再支付房贷和车贷，于是只得寄居在年届九旬的父母家中，当啃老一族。

平日里除了偶尔在网上用翻译软件与远在中国的妻子聊几句外，

大部分时间他都在摆弄发明小电器。可是他的发明一直没被商家看中购买，由知识变为财富，因此，他更多的时间是在财富的白日梦中度过的。

Ken 与张颖明先生相识多年，为感谢老张在中国对他的帮助，答应开车接送我们到几个地方，只需我们支付他汽油费和餐费即可。

看他这般光景，心中不免怜悯感叹，暗暗为他担忧，已经六十一岁了，年幼的儿子还不到一岁，以后的日子怎么过？觉得不付给他费用实在于心不忍。

一路上 Ken 沉默寡言，车速缓慢，驶出多伦多市区已是十点半。又走了一会儿，Ken 忽然一转方向盘拐到路边一间快餐店门口，说了声自己还没有吃早餐，就一头钻进去。不一会儿，他拿一杯咖啡，一小块苹果派之类的点心回到车里，闷声不响地慢慢吃。

等再次上路，我以为他吃了早餐会情绪转好些，能加快车速，在中午前到达目的地。不料走了不到二十分钟他又在一个名为 Tim Hoitons 的快餐连锁店门口停下，说是要进去上卫生间，因为先前快餐店卫生间不够干净，所以坚持撑到这里来解决。

这时我隐约感觉到他虽然下岗，没有收入来源，但并未降低生活标准。果然在后来的几天里，他总是在有 Tim Hoitons 的地方停车喝咖啡，休息和上洗手间。

我也从他的口中知道 Tim Hoitons 成立于 1964 年，因为其新鲜可口的咖啡、烘焙甜点和自制午餐，颇受欢迎。几十年后，成为加拿大最大的连锁快餐服务行业。

（二）

在通往 Owen Sound 的路上，Ken 把车拐进高速公路一侧的乡村道上。我还没来得及问他为什么，他已经停车，告诉我这里有家老磨坊改建的乡村餐馆，不但环境优美，而且饭菜可口。

我一看手表，时间还不到 11 点半，觉得吃午饭为时尚早。可还没来得及开口，Ken 已经大步向前走，边走边指点四周的风光，溪水里游动的小鱼，树林中穿梭的松鼠，脸上有了笑容，英语中冒出一两个中文单词。

这顿饭花了近一个小时，其中四十分钟是在等待。

餐馆里另外还有五六个上年纪的客人，悠闲聊天，也不催促。厨师和服务员一男一女，似乎是一对夫妻，也是一副不急不慢的模样。

我想着今天的一大堆事，有些坐立不安。而 Ken 却惬意地坐在壁炉旁，一边翻杂志，一边谈论着这里他喜欢的咖啡和甜点，然后谈起自己在中国的经历。

虽然在中国待了一年多，但是中文始终没有机会提高，因为与中国人相处但凡说一点中文，对方就会夸赞：哦，你中文真好！也不会给他纠错，让他得以提高。

后来，他才体会到这种礼貌客气贻误了他。他的爷爷和奶奶能讲一口流利的中文，轮到他就一代不如一代了。

如果不是中国 20 世纪 50 年代初的巨变，他原本应出生在中国，也许母语就是中文。

父亲当时正在攻读社会学博士，研究对象选择了中国。可令父亲意想不到的是，那时中国对外的大门关闭了，一切外籍人士必须在规定的时间内离境。

父亲出生在中国，对中国有深厚的情感，不愿意放弃这一研究，于是只好带上妻子转到华人聚集较多的印尼研究华侨。他也因此出生在印尼了。

他觉得自己命运不济与出生地有关，这个出生地还尴尬地牵连了他儿子难以入加拿大国籍。

Ken大约两岁时随父母从印尼回到加拿大。父亲在大学里当教授，比父亲富有的爷爷还在，他完全不知生活艰辛是什么滋味。

Ken在美国大学毕业后找到了工作，然后结婚生子，与大多数人一样过着惬意的生活。

忽然有一天，Ken的妻子在美国的姑妈去世了，没有儿女的姑妈把全部遗产留给了侄女。

在律师楼办理手续的整个过程，他们都是晕晕乎乎的，没有想到姑妈有如此巨额财产！仅利息就足以维持他们每年的生活开支。真是天上掉馅饼！他和妻子乐开了花。

有了钱，Ken再没有心思去工作，索性与妻子都辞职不工作了，在家享受荣华富贵、自由自在的生活。

可是好景不长，妻子的话越来越少，时常心神不宁，又疑神疑鬼，后来被诊断为自闭症。

最终两人的婚姻走到了尽头，离婚时Ken只得到10万美元。最初他并没有着急，觉得自己有机会挣钱，但晃悠了一段时间还是找不到满意的工作。

Ken思来想去，加上在童年时爷爷奶奶、爸爸妈妈的经历和影响，让他臆想在中国会有发展机会，于是满腔热情飞往中国。

可是现实击碎了他的美梦。结婚生子，办理妻子儿子移民手续之后，仅有的积蓄消耗殆尽……

Ken语气平淡地说起自己的往事，对失业并不感到恐慌。

我要了一份蔬菜汤，漫长等待后端上来的是一盘难以辨认的蔬菜糊。红萝卜、土豆、西红柿用搅拌机打碎，再加入奶油熬煮。

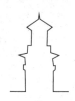

　　我实在没有感受到这家餐馆的食物有什么特别之处。Ken 和老张各要了一个牛肉香菇汉堡，外带一大杯冰水。Ken 吃得很开心，说牛肉恰到好处，面包松软适度。

　　阳光从窗外照射进来，枫树的枝叶在地板上摇曳，光影在树叶之间晃动。

　　从 Ken 口中我知道他每天要饮 3~4 杯咖啡，必须是现磨的，拒绝一切速溶咖啡，而甜点则视烘焙好赖而定。

Lin（左）与她的丈夫

　　饭后我到厨房选甜点，这是 Ken 饭后必不可少的，可不知哪一种合口，便随意点了三份看上去不错的碧根果蜂蜜馅饼。

　　哪知，Ken 见了连连摇头，让厨师把他的那份换成花生枫叶糖浆馅饼。他说碧根果口感不如花生好，蜂蜜太甜，而且高温之后维生素被破坏。

　　结账时 Ken 一本正经告诫我，不该付小费，因为是我们自己端上桌的。小费是服务报酬，自己端上桌是自助，没有享受服务就不该给。说这番话时，他一副富家公子的派头。

（三）

　　第二天，Ken 开车送我去采访 Lin。Lin 的外祖父安德立 1916 年偕妻子与不到 2 个月的女儿到重庆丰都工作，每到夏季就会到峨眉山

避暑。大约难忘峨眉山优美的山林溪流，回国后他远离闹市，在一片
山林里买地建屋，安享后半生。

作者与 Lin。这一天正好是感恩节

如今 Lin 的别墅四周，方圆 25 英亩内绿
草如茵，森林密布，溪水潺潺，其间点缀着
各种鲜花，恰如童话中描绘的秘密花园。

Lin 与丈夫经常在自己的庄园里采蘑菇、
钓鱼。中午为款待我们做的沙拉，就是特地
从森林里采集的新鲜蘑菇。

眼下正值秋季，加拿大最美丽的季节，
枫叶由黄变红，微风吹拂，落英缤纷。Lin
的外祖父离开丰都时，当地百姓用丝绸给他
绣了一块匾，上书"众人仰望"几个字，如
今依然挂在墙上，是屋外景色的最佳写照。

安德立回国时丰都信徒赠
送的绣匾

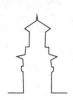

Lin 的外祖父外祖母及母亲（左一）舅舅

Lin（后排左一）与她的弟弟们

在 Lin 家里，Ken 附和 Lin 的丈夫弹吉他唱了一曲，但是没有唱完就推说自己嗓子不舒服。返回路上他有点失落，说 Lin 的家是他的理想家园，而他此生无法实现这个理想。

（四）

第三天，Kevin 邀请我们以及 Ken 和 Ken 的父母去家里做客。

Kevin 的爷爷杨济灵 20 世纪 30 年代曾先后在涪陵和成都华西协合大学工作，是一个著名的内科大夫，他离开中国时携带了不少瓷器、刺绣和一些做工精致的木质家具。

涪陵旧貌

从小耳濡目染，Kevin 对中国文化也有极大的兴趣。

一年前他拜一位香港人为师，学习太极拳，觉得颇有收获，便便大腹略有减小。于是他打算下一步到中国寻访太极高人。

他听说那些高人大多隐藏在山里，不肯轻易示人，他们具有火眼金睛和非凡能量。他希望自己能从中国太极高人那里获取能量，变得身轻如燕、目光如炬。

Kevin 讲述爷爷的往事

那天 Kevin 还请来一位 20 岁的小伙子帮厨，小伙子梦想到中国学习佛学，正苦于求学无门。几杯红酒下肚后，Ken 俨然中国通，仿佛是中国问题论坛的主讲。

他以自己的亲身经历论述中国的教育、交通、卫生等等。虽然都是皮毛之见，但其中国妻子和儿子的背景增添了他话语的权威性。

涪陵人士送别杨济灵医生绣的对联。上联：济人造福 下联：着手成春

Kevin 频频点头，想去中国学佛学的小伙子钦佩有加，两人如获至宝，相互视为忘年之交……

其间，Ken 的母亲几次插话，使 Ken 的发言多次被打断。几番被扫兴之后，他最后怒不可遏，大皮鞋在地上踩得"咚咚"直响，对母亲吼道："不要打断我，不要打断我！"

（五）

第四天，我们从 Kitchener 的家采访结束后返回途中，Ken 在一个 Tim Hoitons 停下，说自己很疲倦，想在车上睡十分钟，让我给他买一杯咖啡。

这是今天的第三杯咖啡，但是依然没有缓解他的疲惫。我刚走几步，他推开车门大声喊我："要星巴克咖啡，加奶油，一袋糖。记住，我不喜欢太甜，一袋糖就够了。"

Ken 并不喜欢美国，但对出自美国的星巴克咖啡印象不赖。在快餐店里，星巴克咖啡比一般咖啡价格高三分之一。

四十多分钟后 Ken 才醒来，吃饭喝冰水是常态，但是咖啡一定要刚蒸馏出来滚烫的。

于是我们只好在快餐店等他慢慢喝咖啡，吃甜麦圈。"我妻子最讨厌我喝咖啡，一看见我弄咖啡就满脸不快。"

Ken 说这句话的时候皱着眉头，耸耸肩膀，一副不理解，也不屑一顾的样子。

"恐怕是讨厌你慢条斯理喝咖啡耗费时间不干事。"我说，心里有些同情那位独自带孩子操持家务还要上班的中国女同胞。

Ken 有些不服，说中国人总是一天到晚在忙，也不知在忙什么，不懂得享受生活。

我说，如果你妻子有足够的钱养孩子，有失业救济金和养老保险金，照样可以每天消磨许多时间在喝咖啡，或者品茶上。

Ken 被我呛了一番后，一下子住口不说话了。

（六）

第五天，Ken 的父母请我们去吃午饭。前几年他们卖掉了有两个大客厅带一个大花园的两层别墅，搬入这幢带阁楼的小别墅。

当年从中国带回的大量红木家具、瓷器等也不见踪影。门口停放的两部汽车，一辆两位老人自己用，另一辆 Ken 使用。

两位老人午休时，Ken 从他住的阁楼上拿出结婚相册，一页一页翻给我和老张看。

照片上 Ken 身着各式各样的中国服装，一脸灿烂的笑容。妻子非常壮实，一看就知道不是逆来顺受的角色。

果然，妻子在月子里就与 Ken 爆发了一场战争。Ken 觉得生孩子坐月子已经不可思议，竟然还要关门闭户，使房间空气污浊，于是想打开窗户透气。妻子不会英语，比画两下想阻止，可 Ken 不理会，坚持要把窗户打开。妻子情急之下一巴掌打过去，Ken 大惊，下意识推了对方一下，不想妻子没站稳一下跌倒在地。这下惹了马蜂窝。妻子跳起来大哭大闹，在厨房里忙碌的大姨子闻声冲过来，见此情景大怒，挥舞手中的擀面杖雨点般向 Ken 打去。

何忠义的孙子手捧爷爷以中国经历写的回忆录《粮仓的天堂》

面对两个狂怒的强壮女人，Ken 无招架之力，只有落荒而逃。

尽管两人语言不通、生活习惯不同，但是 Ken 还是很爱这位中国女子。他有些忧伤地告诉我，妻子与儿子大约要两年以后才能移民加拿大，而在这之前他不能去中国探望。

妻子儿子来了与你父母一起住吗？我环视不大的房间问。Ken 两眼注视窗外，有些无奈地说："也许吧——"

Ken 已经六十一岁了，还是这般境况，如何是好？

我想起中国的格言：三十而立，四十不惑，五十知天命，六十耳顺，七十从心所欲……不禁为两位老人感到担忧！

1892 年第一批到四川的加拿大传教士之一何忠义（前排中）与仁寿乡绅

作者与何忠义的孙子合影

六、遗憾的缺失

2016 年 12 月初，83 岁的白理明（Raymond Whitehead）先生获知我们的研究课题结题，本书书稿已交付出版社，专程从加拿大到南京，再转道成都赶来乐山见我。他说："有一个人你应该特别关注，她是一位了不起的女性，一生致力于中加友好。她本应拥有与文幼章同样的名望，只是由于她终生未婚，没有子女继承发扬，故人们所知甚少。她，叫 Katharine Hockin。"

白理明先生先后在香港、南京等地任教，曾受到周恩来等国家领导人接见，并著有《毛泽东的爱与恨》等与中国有关的著作。

白理明先生的讲述令我十分惊讶。因为在我搜集到的大量文献资料中，竟然没有与 Katharine Hockin 相关的记载，只看到关于她母亲韩德贞（L. M. Hockin）的只言片语。她母亲曾是乐山福音医院一名医务人员。

白理明（中）与作者（右）、张颖明（左）在乐山座谈会上

白理明与文幼章的小女儿是儿女亲家，对文幼章非常了解。20世纪 70 年代末至 80 年代，又曾与 Katharine Hockin 共事，目睹她直至生命最后都在为中国努力。

　　"她太热爱中国了！"白理明感叹道。

　　Katharine Hockin 的父亲 Arthur 是一位加拿大传教士，1908 年与孔镜明夫妇等人一道来乐山。不久，辛亥革命爆发，社会动荡不安，来乐山的西方人士全部撤离到上海。在此期间，一部分人选择回国，而 Arthur 与妻子韩德贞待事态稍稍平静后，又从上海返回乐山。

　　他们的女儿 Katharine Hockin 于 1912 年 8 月降生在美丽的峨眉山。可 Arthur 在劳累奔波中不幸染上霍乱去世。韩德贞返回加拿大处理完丈夫的丧事后，经过一番思考，决定带着女儿再次回到乐山，做一名女传教士。这在当时是一个令人惊讶的举动！一般人都是选择带着孩子留在故乡。

1949 年乐山欢送 Katharine Hockin（第二排左三）回国留影，右三是其母亲韩德贞，后排右一是加拿大人孙德思

韩德贞大约是继启希贤之后，第二个单身前往四川工作的女性。为此，她把女儿送到成都的"CS"学校学习生活，只有在寒暑假回乐山与自己团聚。

Katharine Hockin 成年后决定做一个独身主义者，把一生献给神圣的事业。这也许正是受母亲的影响。

"Katharine Hockin 称得上是一个女权主义者，对中国妇女受到的家庭暴力表现出强烈的同情与愤慨。她四处呼吁，鼓励那些妇女走出家门、读书、求职并承担应有的社会责任。她在乐山主要负责妇女工作，包括参与开办各种妇女学校、培训等。"

Katharine Hockin 的事迹在乐山文献中没有任何记载。我在加拿大档案馆查阅资料时，也没有足够地重视，实在是一大憾事！

20 世纪 40 年代末，Katharine Hockin 返回加拿大学习。不久，新中国建立，在中国的西方人士被要求离境，Katharine Hockin 没有机会再次返回中国工作。然而，她对中国的思念和牵挂一刻也没有停止。

《上帝的仆人在人民中国》一书封面

当时世界上大多数国家对中国共产党领导的社会主义建设都不了解，有些甚至有很深的误解。Katharine Hockin 便写下大量文章，以自己亲身经历介绍中国的情况。《上帝的仆人在人民中国》一书便是她的代表作。她用大量笔墨赞叹新中国和共产党，并提出加拿大人要反思在中国的一些不切合当地实际的做法。

正是 Katharine Hockin 的不懈努力，改变了不少加拿大人对中国的误解。1977 年 Katharine Hockin 还与苏威廉等人发起并创办了中加友协，并在多伦多、温哥华等地建立分会，不定期举办有关中国历史、文化、经济、社会的讲座。

Rev. Irene Ty, Ray Whitehead, Rhea Whitehead, Omega Bula in front of painting of Katharine Hockin

2010 年白理明（后排左一）获奖时与 Katharine Hockin 画像合影

白理明 1976 年结束在香港的工作返回加拿大后，开始与 Katharine Hockin 交往。他们的友谊一直保持到 Katharine Hockin 离世。

受 Katharine Hockin 的影响，白理明和他的女儿于 20 世纪 80 年代先后到中国任教，并结下与中国的不解之缘。

Katharine Hockin 去世前是加拿大教会全球牧师论坛的主席。她去世后，加拿大教会为纪念她特别设立了一个奖项，每年颁发给世界上为传播福音做出贡献的人们。2010 年，白理明（Raymond

Whitehead）先生获此殊荣。

也许，有关 Katharine Hockin 令人惊奇的故事，我会在另外的书中详细记述，以弥补心中的遗憾！

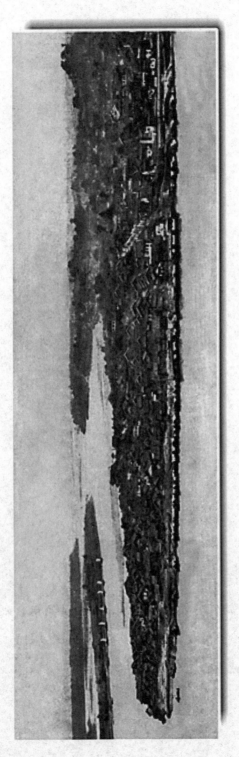

嘉州古城

本书图片说明：

书中各章节的老照片，除署名外，主要由所记叙的家庭后人提供。另外，加拿大档案馆、四川大学档案馆以及张颖明先生也提供了部分照片。在此表示感谢！

徐　杉